August Eckart

Geschichte des K. b. Aufnahmsfeldspitals XII. im Kriege

gegen Frankreich 1870-71

August Eckart

Geschichte des K. b. Aufnahmsfeldspitals XII. im Kriege gegen Frankreich 1870-71

ISBN/EAN: 9783743672949

Hergestellt in Europa, USA, Kanada, Australien, Japan

Cover: Foto ©ninafisch / pixelio.de

Weitere Bücher finden Sie auf **www.hansebooks.com**

GESCHICHTE

des

k. b. Aufnahms-Feldspitals XII

im

Kriege gegen Frankreich 1870,71

beschrieben

von

Dr. August Eckart,

Regiments- und dirigirendem Arzte.

Zum Besten des allgemeinen deutschen Invalidenfonds.

WÜRZBURG.

Druck und Verlag der Stahel'schen Buch- und Kunsthandlung.

1871.

Inhalt.

Einleitung.

Die in der bayerischen Armee zur Aufnahme, Verpflegung und Heilung kranker und verwundeter Soldaten bestehenden Feldspitäler sind eingetheilt in a) Aufnahmsfeldspitäler; b) Hauptfeldspitäler. Die Aufnahmsfeldspitäler müssen stets in bemessener Nähe des Heeres sich befinden und jeder Bewegung desselben folgen, um die Kranken und Verwundeten, welche von den marschirenden und fechtenden Truppen möglichst bald zu entfernen sind, aufzunehmen, mit der ersten ärztlichen Hilfe zu versehen, und insolange zu verpflegen, bis sie in transportfähigen Zustand gesetzt sind und den Hauptfeldspitälern übergeben werden können. Hiedurch soll stets Raum für neuen Zugang gewonnen werden und ein Aufnahmsfeldspital seinem Zweck entsprechend leicht beweglich bleiben. Die Hauptfeldspitäler dagegen rücken der Armee nur allmälig nach und haben die Bestimmung, den Kranken und Verwundeten, welche sie von den Aufnahmsspitälern oder nach Umständen unmittelbar von den Truppen erhalten, eine möglichst sichere und vollständige Behandlung und Pflege angedeihen zu lassen.

Zur Erreichung ihrer Zwecke sind die Feldspitäler mit dem nöthigen Personal und Material ausgestattet.

Zur Formation eines Aufnahmsfeldspitals gehören 1 Hauptmann als Commandant, 1 Lieutenant als Adjutant, ein dirigirender, 3 ordinirende und 4 assistirende Aerzte, zwei Apotheker, zwei Verwaltungsbeamte, ein Unteroffizier als Schreiber, 2 Korporäle und 22 Gemeine vom Fuhrwesen, 2 Oberkrankenwärter, 20 Krankenwärter, 2 Laboranten, 1 Koch oder Köchin und ferner die nöthige Anzahl von Bedienten. Der Seelsorgedienst wird von den Predigern der Divisionen versehen.

Jedes Aufnahmsfeldspital ist für 200 — 300 Kranke bestimmt und desshalb mit dem erforderlichen Material ausgerüstet, als: 1) an Bettfournituren mit 352 wollenen Decken, 640 Leintüchern, 224 Strohsäcken u. 160 hölzernen und zusammenlegbaren Feldbettladen etc.; 2) an Krankenkleidern mit 300 Hemden, 100 Unterhosen, 200 Paar Socken etc.; 3) an ärztlichen Requisiten mit neuer Leinwand, Shirting, gebrauchten Leintüchern, Zirkelbinden, 3eckigen Tüchern, Compressen, Charpie, Watte, Flanell, Schienen und verschiedenen Verbandapparaten, chirurgischen Instrumenten-Etuis, Tragbahren etc. und Schreibmaterialien. Ferner besitzt ein Aufnahmsfeldspital 4) an Kammer-Requisiten: Ordinationstafeln, Feldtische und Stühle, Leibschüsseln, Uringläser, Spuckschalen etc.; 5) an Haus-Requisiten: Sägen, Aexte, Hämmer, Bohrer, Zangen, Nägel und Stifte etc.; 6) alle nöthigen Kochgeräthschaften und an Gerste, Reis, Mehl, Zwieback, Fleischextract, Salz, Schmalz etc. Vorrath auf einige Tage für 200 Kranke.

Alle diese Requisiten sind theils frei, theils in Colli gebracht oder in Kisten verpackt, in acht 4spännigen Rüstwägen der Art verladen, dass die ersten 4 Wägen dasselbe enthalten, was die vier letzten fassen und so wenn in einem Orte das ganze Feldspital nicht unterzubringen ist, die eine Hälfte für 100 Kranke sich abzweigen und entfernt selbstständig etabliren kann. Ein neunter 4spänniger Wagen hat das Gepäck des Personals aufzunehmen und ein zehnter die Filial-Feldapotheke. Für das höhere Personal sind noch weitere 2 Chaisen vorhanden, so dass ein ganzer Aufnahmsfeldspitalzug aus 10 vierspännigen grossen Rüstwägen und 2 zweispännigen Chaisen besteht.

I. Formation, Marsch und Etablirung.

Das bespannte Aufnahmsfeldspital XII wurde durch Kriegs-Ministerialrescript vom 11. August 1870 No. 11895 in Ingolstadt unter Commando des Hauptmanns Eduard Bernhold formirt, zog sofort in Eilmärschen der Armee über Sedan gegen Paris nach und musste sich schon am 29. September Nachmittags zu Verrières le Buisson etabliren. Südwestlich von Paris liegt ein kleines unregelmässiges Hochplateau, das sich westlich bis gegen Versailles hinzieht, nördlich bei Meudon, Clamart und Chatillon abfällt und östlich und südlich vom Bievrethal umfasst wird. Der südlichste Theil dieses 520' hohen Plateaus ist von dem Bois de Verrières bedeckt und auf dem terassenförmigen südlichen Abfalle in das Bievrethal liegt der nicht unbedeutende Ort Verrières le Buisson, geschützt durch die Höhe und den Wald vor Nord- und Nordwestwinden, offen nach Süden und West. Der Boden ist sehr fruchtbar; unter einer starken Humusschichte folgen Lehm und röthlicher Sand mit Kalksteingerölle. Die reizende Lage von Verrières, das milde Klima, die Nähe von Paris sind wohl die Ursachen, dass in und um diesen Ort viele schöne Landhäuser mit herrlichen Parks entstanden waren, welche uns bei der Etablirung und Ausdehnung des Feldspitals trefflich zu statten kamen.

II. Die Feldspital-Gebäude und Abtheilungen.

Als ich am 5. October auf Ordre des 2. Armeecorps vom 4. No. 1461 die ärztliche Direction von dem Bataillonsarzte Dr. Stuffler, der sie bis dahin geführt hatte, übernahm, waren zwei Villen, zwei grössere Wohnhäuser und ein Schulsaal bereits belegt. Die Krankenzahl wuchs aber rapid in wirklich erschreckender Grösse, die vielen Typhen und Dysenterieen erforderten dringend weitere Belegung und

1*

es mussten desshalb in rascher Folge noch der zweite Schulsaal, eine
dritte Villa, ein Wohnhaus in der rue de Chatenay, ein kleines Nebengebäude für die Krätzigen und ein isolirt gelegenes Haus für Blatternkranke eingerichtet werden, so dass unser Feldspital XII aus 10
Gebäuden bestand, die theils einander nahe, theils ferner lagen und
aus denen 7 ärztliche Abtheilungen gebildet waren. Eine Abtheilung,
das Passantenhaus, leitete ich selbst ; von den übrigen Abtheilungen
hatte jede ihren Ordinirenden, wenn nicht wegen Krankheit oder
anderweitigem Abgang zwei Sectionen von einem Arzte übernommen
werden mussten.

Bei der Etablirung eines Feldspitals muss man nicht blos auf
die im Augenblick nöthigen Krankenlokalitäten, sowie Räumlichkeiten
für Offiziere und Aerzte, Bediente, Fuhrsoldaten und Pferde, bedacht
sein, sondern auch gleich im Orte oder in der Nähe für weitere
disponible Gebäude zur Ausbreitung bei etwaiger Ueberfüllung, zur
Errichtung von Reconvalescentenhäusern etc. Sorge tragen. Da heisst
es, sich umsehen und rasch zugreifen. Im Anfange geht diess leichter, später aber schwer oder gar nicht mehr, wenn einmal die Truppen, Verpflegs-Abtheilungen, Marodedepots etc. sich ringsum niedergelassen haben. Hauptmann Bernhold beschaffte mir sofort alle
als nöthig bezeichneten Lokalitäten und meine Vorsorge in dieser
Beziehung gereichte uns später zum grossen Vortheil. Die vielen in
und um jedes Dorf bei Paris vorhandenen Villen und Schlösser mit
herrlichen Gärten und Parks kann man als ein wahres Glück für
unsere Kranke und Verwundete bezeichnen. Indessen so schön diese
Villen auch waren und so sehr sie beim ersten Anblick bestachen,
hatten sie doch als Feldlazarethe ihre Missstände, und namentlich
den, dass nur die Parterregeschosse etwas grosse und luftige, für
Billard und Gesellschaften bestimmt gewesene Lokale, die oberen
Stockwerke dagegen fast durchgehends kleine, kaum für mehr als
2—4 Betten geeignete Zimmer mit noch kleineren Garderoben und
Waschkabinetten boten.

Die Abtheilung I befand sich in der Villa eines Privatmannes
in einem grossen englischen Park am südöstlichen Ende des Dorfes ;
sie enthielt 14 Krankenzimmer, alle gegen Südwesten gehend. Zur
ebenen Erde waren ausser einem grossen Krankensaal, der später
zum Versammlungsplatz bei Evacuationen gemacht wurde, noch die
Krankenküche, die Verwaltung und das ärztliche Jourzimmer untergebracht, wesshalb dieses Landhaus auch als Hauptgebäude bezeichnet
wurde und im Verlaufe dieser Abhandlung öfters so genannt werden
wird.

Die Abtheilung II, in einem grossen 2 stöckigen zur erstgenannten Villa gehörigen Oekonomiegebäude untergebracht, enthielt parterre die Feldspital-Apotheke und in den 2 oberen Etagen 11 Krankenzimmer, wovon nur eines gegen Ost, die übrigen andern alle gegen Norden in den Oekonomiohof sahen. Unter allen Krankenlokalen waren diese am schlechtesten und das Gebäude wurde auch aus diesem Grunde später als Passantenhaus verwendet.

Die Abtheilung III besass ein kleineres zweistöckiges Wohnhaus mit der Front gegen Morgen und einem Gärtchen vor dem Eingang. Die Räume zur ebenen Erde erschienen unbrauchbar, dagegen gab es in den oberen Etagen 11 meist gute Krankenzimmer.

Die schöne, in einem herrlichen Parke gelegene Villa St. Christine mit 10 nach allen Seiten gehenden schönen Krankenlokalen beherbergte die Abtheilung IV.

Die beiden Schulhäuser, wovon jedes nur aus einem grossen hellen und luftigen, gut ventilirbaren Saal bestand, bildeten die Abtheilung V und die Villa des geflüchteten Maires die Abtheilung VI. Die letzte hatte eine freie Lage in einem reizenden Park, Front gegen Osten, eine herrliche Aussicht und enthielt ausser dem Operationszimmer noch 20 meist schöne Krankenlokale. Wegen der örtlichen Vorzüge der Abtheilungen V und VI waren dieselben besonders zur Aufnahme Verwundeter bestimmt und desshalb von ansteckenden Kranken frei gehalten. Um jedoch zu grosse Anhäufung von Wunden in diesen Räumen zu vermeiden, stand auch auf jeder andern Abtheilung ein für Verwundete geeignetes Zimmer bereit.

Die Abtheilung VII hatte sich in einem Wohnhause mit anstossendem Garten, dem Sommeraufenthalt eines Parisers, in der rue de Châtenay am nordwestlichen Ende des Dorfes etablirt. Obwohl von zwei Seiten angebaut, war doch die Ventilation der 11 Krankenzimmer durch die zahlreichen, einander gegenüberstehenden Fenster sehr leicht möglich und bot es den weiteren Vortheil, dass der grösste Theil der Lokalitäten sich leicht heizen liess. Als bei der längeren Krankheit des Ordinirenden dieser Abtheilung wegen ihrer Entfernung die Verwesung schwer wurde, verwandelte ich sie in ein Reconvalescentenhaus, das unter der Aufsicht des ältesten Assistenzarztes mit dem nöthigen Wartpersonal stand. Die übrigen Abtheilungen bekamen dadurch rascher Platz für neuzugehende Kranke und die dahin abgegebenen Reconvalescenten lagen nicht mehr neben Schwerkranken und erholten sich in der gesünderen Luft und bei freierer Bewegung schneller.

Vor jedem der Spitalgebäude, die zusammen eine Spitalcolonie genannt werden können, wehte die Genfer Fahne und gleich am Eingange selbst hingen kleine schwarze Schultafeln, auf welchen täglich Mittags der Krankenstand des Hauses an Internisten und Externisten, Verwundeten, sowie die wichtigsten Krankheiten angeschrieben werden mussten. Alle Zimmer waren nummerirt und an den Thüren der Bettenstand notirt.

Zu diesen Abtheilungen gesellte sich am 20. Februar noch eine Filiale in dem eine halbe Stunde entfernten Dorfe Massy, welche aus den vom Aufnahmsfeldspital VIII daselbst zurückgelassenen intransportabeln Kranken gebildet und uns zugewiesen worden war. Ein Ordinirender mit einem Assistenten leitete die Anstalt, welche alle Bedürfnisse an Arzneien, Nahrungsmitteln, Wäsche etc. von Verrières bezog. Ein Krankenwärter, der lange in unserer Küche zur Aushilfe commandirt gewesen war und dabei etwas gelernt hatte, besorgte die Küche. Am 7. März konnte diese Filiale nach vollständiger Evacuation bereits wieder aufgelöst werden.

Die Krätzheilanstalt und das Blatternhaus, deren Beschreibung später folgt, gehörten zur Abtheilung I.

III. Einrichtung der Krankenzimmer.

Eines der nothwendigsten Meubel zur Pflege und Behandlung Kranker und Verwundeter sind die Bettstellen; blosse Strohlager auf dem Boden sind nur im ersten Anfang und im Nothfall zulässig und müssen sobald als möglich durch Betten in Gestellen ersetzt werden. Ein bayerisches Aufnahmsfeldspital führt in 2 vierspännigen Wagen 160 zerlegbare Feldbettladen mit, die sich auch diesmal sehr praktisch und nützlich bewährt haben. Aber sie reichten nicht hin und man musste sich auf andere Weise helfen. Es wurden aus den Häusern des von seinen Bewohnern fast gänzlich verlassenen Ortes die hölzernen und eisernen Bettstellen für Krankenzwecke zusammengesucht und verwerthet, und dann auch verschiedene Gegenstände zur Construirung neuer Bettladen benützt. Namentlich wusste Regimentsarzt Dr. Kuby sehr brauchbare und sogar sehr gefällig aussehende Stellagen aus Garten- und Schulbänken mit darüber gelegten Thüren und Fensterläden zu machen, so dass bis Neujahr nur noch ein sehr kleiner Theil Strohsäcke für leichtere Kranke und Passanten auf dem blossen Boden lag. Ist Material vorhanden, so lassen sich aus 4 starken Eckpfosten, zwei schmalen Seiten- und

2 Querbrettern, von denen erstere inwendig eine Leiste zum Tragen der Brettchen haben, schnell Bettladen anfertigen. Sehr einfach und brauchbar sind auch die vom Hilfsverein des Grossherzogthums Hessen angegebenen Feldlazareth-Bettstellen, welche die Gestalt eines langen und entsprechend breiten Sägbocks haben und mit Leinwand überspannt sind. Im Jahr 1866 hatte ich Auftrag, in Schweinfurt ein Feldspital einzurichten und requirirte daselbst die Böcke der Marktfieranten, von denen ich immer zwei durch mehrere darauf gelegte 6 Fuss lange Bretter verbinden liess und dadurch ganz genügende Stellagen erhielt. Wenn mehrere solche Bettstellen mit dem Kopftheile an der Wand stehen und mit dem Fusstheile gegen die Mitte des Zimmers gerichtet sind, so kann man längs der Wand hin quer über die Bettstellen und unter den Strohsäcken Bretter legen und schafft so einen Sitz zwischen zwei Betten und Platz für die nothwendigsten Bedürfnisse der Kranken.

Wenn auch ein Aufnahmsspital mit Decken und Strohsäcken für 2—300 Kranke versehen ist, so reichen diese Fournituren doch nicht aus, da schon ein guter Theil für das niedere Personal abgeht und ein anderer Theil sich immer in der Wäsche befindet. Auch in diesem Punkte musste daher in den verlassenen Häusern gesucht und geholt werden. Federbetten und Decken fand man nicht, aber desto mehr Matrazen und namentlich viele, als bei einer wiederholten Nachforschung unmittelbar nach dem Abrücken eines Cavalerie-Regiments eine Menge solcher Bettfournituren in den nun nicht mehr occupirten Häusern frei geworden waren. Mit Strohsäcken, Bettwäsche, Decken, Federkopfkissen, Schlummerrollen und sogar mit abgenähten Matrazen versahen uns die Hilfsvereine später reichlich und auf diese Weise konnte dem stets wachsenden Krankenstande entsprechend die Bettenzahl mehr und mehr erhöht werden. Ich besass am 9. October 1870 nur 190 Betten und 31 Strohlager, am 24. October 269 Betten und 33 Strohlager, am 10. December 296 Betten und 12 Strohlager, und Mitte Januar 380 Betten, wovon in eignen Zimmern 9 Betten für Offiziere, 90 Betten für verwundete Soldaten, 234 für andere innerlich und äusserlich Kranke und 47 Betten für die Wärter und barmherzigen Schwestern bestimmt waren. Die weiter noch vorhandenen Betten und Lagerstellen der Offiziere, Aerzte, Verwaltungsbeamten, Apotheker, Laboranten, Bedienten und Fuhrsoldaten sind dabei nicht mitgezählt.

Sehr schwierig war die Beschaffung des für diese grosse Bettenzahl gleich im Anfang wie fortlaufend zum Nachfüllen und zum Ersatz der verunreinigten und verbrannten Strohsäcke erforderlichen

Bettstrohes. Soviel davon im Anfang auch die Gegend bot, so rasch verschwand es bei dem ungeheuren Verbrauch durch die Truppen und namentlich durch die Pferde. Hauptmann B e r n h o l d ritt umher und durchstreifte die ganze Gegend; er liess es auf Stunden weit herholen und sogar unsere Evacuationswägen mussten von Corbeil auf dem Rückwege Stroh mitnehmen, bis später ein gesicherterer Bezug aus den grossen Magazinen zu Versailles möglich war. Im November, einer Zeit der Noth an diesem sonst so verachteten Material, schritten wir sogar dazu, in unsern Parks das Laub sammeln und auf Dachböden trocknen zu lassen, und ich würde meine Patienten eher auf solche Laubsäcke, als auf verunreinigte und bei ansteckenden Krankheiten gebrauchte Betten gelagert haben.

Bei solchem Mangel an Stroh war es natürlich, dass man bald nicht bloss für den augenblicklichen Bedarf, sondern auch für einen kleinen Vorrath Sorge trug und später beständig ein Magazin von 30—40 gefüllten Strohsäcken und Kopfpolstern erhielt. Diese Einrichtung hatte den Vortheil, dass jeder Ordinirende gegen Ablieferung seiner schmutzigen Strohsäcke sofort frisch gefüllte bekam und damit seinen Stand an Betten stets vollzählig erhalten konnte, und weiter dass man im Stande war, bei unerwartet raschem Andrange von Verwundeten zu deren Unterbringung ohne Verzug ein neues Gebäude zu belegen.

In unseren eigentlich nur zum Sommeraufenthalt gebauten Spitälern hatte ein Theil der Zimmer nur Kamine und der andere Theil war ganz unheizbar. Wir bekamen nur frisch gefälltes Holz, die Kamine rauchten und die Zimmer wurden nicht warm; so stand es im Anfang der kälteren Jahreszeit schlimm mit der Beheizung. Allmälig lernten die Wärter zwar besser mit dem Kaminfeuer umgehen und ich half dadurch etwas, dass in unheizbare Zimmer nur Leichtkranke gelegt wurden, die dafür zwei wollene Decken erhielten und bei Tag sich in die geheizten Lokale begeben konnten. Aber das war nicht hinreichend. Die Aerzte betheiligten sich sämmtlich an der Lösung dieser Frage und suchten und fanden kleine Oefen und Ofentheile, die zusammengesetzt und aufgestellt sich sehr nützlich erwiesen und mehrere Krankenzimmer heizbar machten; von Dr. K u b y und Dr. D o r f f m e i s t e r wurde auch die Luftheizung auf ihren Abtheilungen wenigstens theilweise ausgenützt. Aber es genügte noch nicht. Da erzählte eines Mittags bei Tisch unser Adjutant, Lieutenant F e x e r, dass er heute im Zimmer seines Bedienten einen Ofen von sonderbarem Aussehen, aber doch sehr brauchbar gefunden habe. Der Ofen wäre von einem unserer Leute, einem Schlosser von Profession, gefertigt und bestehe aus einem eisernen Gartenstuhl, dessen durchbrochener Sitz den Rost bilde, über den ein eiserner Hafen gestürzt sei, welcher oben ein Loch habe, in dem das Rohr für den Abzug des Rauches stecke. Nun war der Mann und die Sache gefunden. Nach unverweilt erholter Genehmigung zur Herstellung von 12 kleinen eisernen Oefen sandte Hauptmann Bernhold sofort den betreffenden Künstler nach Corbeil zum Einkauf von Eisenblech und Werkzeug und nun brachte ein Tag um den andern einen kleinen netten Ofen, dessen Untergestell ein eiserner Gartenstuhl war. Die Leitung der Rohre durch Fenster besorgte ein Soldat der Stabswache, ein Glaser, den unser Commandant zur Reparatur der zerbrochenen Fensterscheiben öfters kommen liess, wozu Material in einem verlassenen Glaserladen genug sich vorfand. Die Franzosen hätten uns übel mitspielen können, wenn sie bei ihrem Rückzuge alle Fenster zerschlagen hätten; indessen hätte man sicher auch Mittel und Wege gefunden, diesem Schaden selbst im grössten Umfang zu begegnen.

Auch den Schrecken eines Brandes zur Nachtzeit hatten wir in einem Krankenzimmer auf Abtheilung II durchzumachen. Das Feuer, welches vom Kamin aus den Zimmerboden ergriffen hatte, wurde jedoch durch die rasche Anwesenheit des Commandanten schnell unterdrückt und es war nur zu beklagen, dass uns ein heizbares Lokal abging.

Vor jedem Spitalgebäude brannte die ganze Nacht hindurch eine Laterne zur Erhellung des Einganges und Vorplatzes, wie zum Kennzeichen für ankommende Verwundete und Kranke. Alle Wärter mussten beständig mit Lichtern versehen sein und jeder Oberkrankenwärter seine Laterne, die er von den zu diesem Zwecke eigens angekauften erhielt, in Stand haben. Die Zimmer- und Gangbeleuchtung machte verschiedene Phasen durch; im Anfang geschah sie durch mitgebrachte Lichter und als diese zu Ende waren, durch Oel, wovon man ein Fässchen im Keller des Hauptgebäudes gefunden hatte. Man goss das Oel einfach in einen tiefen Teller, legte einen Docht hinein und hatte so eine praktische Ampel, wenn auch nicht von antiker Form. Auch dieses Fässchen Oel ging aus und es gab eine Zeit, wo weder in Versailles noch in Corbeil Oel zu kaufen war und wir nun Fett und Talg in unsern modernen Ampeln brennen mussten.

In einigen Gebäuden hatten wir Abtritte mit gemauerten Gruben, in den 3 grossen Landhäusern aber standen die Abtritte mit Wasserspülwerken in Verbindung. Es gibt für Spitäler keine schönere Einrichtung, allein trotz aller Verbote und Aufsicht verstopften sich doch häufig die Röhren durch hineingeworfene Gegenstände, dann froren sie im Winter zu und endlich, wir mochten suchen und probiren, so oft und so lange wir wollten, gelang es uns nicht, das in allen Stockwerken verbreitete und vielfach verzweigte Röhrensystem zu erforschen und diese Spülwerke vollständig in Gang zu bringen, so dass wir uns schliesslich darauf beschränken mussten, die Abtrittröhren täglich mit hineingogossenem Wasser durchspülen zu lassen. Bei der Masse von Kranken und besonders Diarrhoe- und Dysenterie-Kranken reichten aber die Abtritte in den Häusern nicht hin und es wurden desshalb im Freien in nächster Nähe eines jeden Gebäudes Latrinen mit Schutzwänden und Dächern aus Brettern und Tannenzweigen erbaut und die Dejectionen darin täglich mit Asche bedeckt. Sowie eine Grube voll war, warf man sie zu und hob daneben eine neue aus.

Bis aus dem Hilfsdepot zu Versailles und von den an Alles denkenden Hilfsvereinen Leibschüsseln und Nachtstühle ankamen, mussten wir zu diesem Zwecke alle auftreibbaren grösseren Blech-, Thon- und Holzgefässe, sogar grosse Blumen-Urnen von Thon oder Eisen, die desshalb mit Sitzbrettern versehen wurden, in Gebrauch ziehen. Schliesslich fertigte unser Schreiner, ein Fuhrsoldat, auch einige einfache zweckmässige Nachtstühle.

Teller, flache Schüsselchen und Schalen aller Art dienten mit Sand gefüllt als Spucknäpfe. Waschkabinete mit Tischen fanden sich in mehreren Häusern und wo diese nicht vorhanden waren oder nicht ausreichten, wurden in Gängen und Zimmern Waschschüsseln oder grosse Blumentische mit Blecheinsätzen als Waschapparate verwendet. Handtücher und Seife lieferte die Verwaltung.

In allen grösseren Gebäuden fanden sich hübsche und gut eingerichtete Badezimmer. Zu unserem grössten Leidwesen mussten wir aber davon abstehen, weil einestheils die Kessel nicht zu heizen oder die Röhrenleitung defect war, und anderntheils uns auch zur Besorgung von Bädern die nöthige Anzahl von Wärtern bei dem enormen Krankenstande fehlte.

IV. Reinlichkeit, Desinfection, Ungeziefer.

Sobald nach einer Evacuation oder durch Abgang auf andere Weise ein Krankensaal leer wurde, musste sofort eine gründliche Reinigung desselben durch Aufwaschen des Bodens, Säuberung aller Meubel und Lüftung bis zur frischen Belegung vorgenommen werden; die Abtheilungsärzte hatten darauf zu sehen, dass im allmäligen

Wechsel alle Zimmer an die Reinigung kamen und ebenso die Gänge, Stiegen und Abtritte an Reinlichkeit nichts zu wünschen liessen. Jedes schmutzige oder verunreinigte Bett oder Bettstück wurde entfernt und durch frische Fournituren ersetzt und als die Witterung milder wurde, zog ich auch alle überzähligen Decken zum Waschen ein. Auf reine Luft durch Oeffnen von Fenstern war ein Hauptaugenmerk gerichtet, auf Abtheilung IV musste eine grosse Scheibe vom Dachfenster des Stiegenhauses ausgelöst werden, um Ventilation herzustellen. Im Anfang hatte man trotz der schönen Witterung grosse Mühe, die Lüftung der Säle zu erhalten, denn unsere Soldaten lieben die Wärme mehr als die frische Luft und, kaum aus dem Zimmer getreten, so waren auch die Fenster wieder geschlossen. Den barmherzigen Schwestern ist hierin sehr viel zu danken; sie verliessen ihre Kranken nie und erhielten eine Reinheit der Luft und Sauberkeit der Betten und Kranken in einem des höchsten Lobes würdigen Masse.

Die Kranken hatten in den ersten Tagen der Etablirung, wo man mit der Einrichtung zu sehr nach allen Seiten hin beschäftigt war, auf allen Plätzen und Wegen ihre Nothdurft verrichtet und Dejectionen in solcher Masse angehäuft, dass die Luft schon merklich verschlechtert wurde. Commandant Bernhold schritt gegen diesen Unfug mit Energie ein und liess von Bedienten und Fuhrsoldaten die Reinigung der Höfe vornehmen, den Unrath theils verbrennen, theils vergraben. Auch in den Höfen einzelner Spitalgebäude, deren Stallungen vorher mit Cavalerie belegt gewesen war, hatte sich eine solche Unmasse Dung angehäuft, dass ungefähr 100 Fuhren davon abgefahren werden mussten, bis die Höfe frei wurden und die dahin gehenden Krankenzimmer nicht mehr unter dem Dunst dieser Dunghaufen standen. Solche gründliche Reinigung der Höfe und Umgebung der Lazarethe musste im Verlaufe der Zeit öfter wiederholt werden und namentlich, als im Frühjahr mit der milden Witterung und nach dem Schmelzen des Schnee's manches früher Bedeckte sichtbar wurde.

Kleider- und Kopfläuse bekamen wir nur hie und da zu sehen. Bei der jedesmaligen Entdeckung wurde der Betreffende nicht nur geschoren und auf's sorgfältigste gesäubert, sondern auch gleich sein Bett entfernt, das Lagerstroh verbrannt, die Fournituren gewaschen und das Zimmer gereinigt. Um die Kleiderläuse zu vernichten, liess ich die Monturen, in einem Korbe verpackt, erst dann in einen geheizten Backofen schieben, wenn ein darin befindliches Holzstückchen nicht mehr verkohlte, wobei die Hitze immer noch 80—90° R. betrug.

Nur ein einziges Mal geschah es durch die Unachtsamkeit des Wärters, dass die Kleider an einigen Stellen Schaden nahmen. Sehr stark zeigte sich das Ungeziefer eines Tages im Passantenhaus, wo auf einmal 60 Betten von Kopf- und Kleiderläusen wimmelten. Da eine so grosse Anzahl Betten wegen zu schwierigen Ersatzes des Lagerstroh's nicht auf einmal weggenommen und vernichtet werden konnte, so griff ich zum persischen Insektenpulver, wovon eine ziemliche Menge von unserm Apotheker Hirsch in einer verlassenen Civil-Apotheke zu Bourg la Reine aufgefunden und vorsorglich mitgenommen worden war. Es that wirklich gute Dienste; doch liess ich mich dadurch nicht abhalten, nach und nach die Betten zu erneuern und durch frische Fournituren zu ersetzen.

Die Desinfection geschah in der ersten Zeit mit Chlorkalk, indem eine Auflösung davon täglich in die Abtritte sowie in jeden Nachtstuhl oder Leibschüssel gegossen und Chlorkalkschalen in den Gängen und Abtritten beständig aufgestellt wurden. Als später Eisenvitriol in hinreichender Menge beschafft war, blieben nur die Schalen mit Chlorkalk und im Uebrigen trat das schwefelsaure Eisen an die Stelle. Ich richtete es so ein, dass der Apotheker durch seine Laboranten ein Eimerfass, welches in der für die meisten Abtheilungen ziemlich nahen Waschküche auf Abtheilung II sich befand, mit Eisenvitriollösung (1 auf 30—40) gefüllt erhielt, wovon sich die Wärter nach Bedarf zu holen hatten, um damit täglich alle Abtrittschläuche auszugiessen und jeden Nachtstuhl oder Leibschüssel nach der Entleerung und bevor sie wieder in die Zimmer zurückgetragen wurden, auszuschwenken. Die Latrinen im Freien mussten von den Wärtern der betreffenden Abtheilung täglich mit Asche dick bestreut werden.

Die Reinigung der gewöhnlichen Kranken-Leib- und Bettwäsche liess die Verwaltung, welche überhaupt allen ärztlichen Wünschen bereitwilligst entgegen kam, auf meine Anordnung durch Waschen mit Lauge vornehmen, während die Bettfournituren etc. von Typhus- und Ruhrkranken zuerst 24 Stunden lang in einer Chlorkalklösung (1 auf 120) liegen blieben, bevor sie in der gewöhnlichen Weise herausgewaschen wurden. Die bei gutartigen Wunden gebrauchten grösseren Verbandstücke und Binden konnten nach der Reinigung mit Chlorkalk wieder in Gebrauch kommen; dagegen wurden gebrauchte Charpie, Verbandlappen und Dinge von geringem Werthe, Bettstroh und Matratzen (letztere, wenn sie bei ansteckenden Kranken verwendet waren) verbrannt und die Bettladen mit Chlorkalk abgewaschen. Die ordinirenden Aerzte machte ich verbindlich, bei Einlie-

ferung von Wäsche etc. an die Verwaltung zugleich auf die Art der
nöthigen Reinigung aufmerksam zu machen.

Es kostete viel Mühe, bis diese Massregeln der Reinlichkeit und
Desinfection durchgeführt waren, allein der Gewinn zeigte sich bald
in der gesünderen Luft der Zimmer, Förderung des Wohlbefindens
der Kranken und Abhaltung der Verbreitung ansteckender Krankheiten.

Noch eine vielleicht nicht unpraktische Einrichtung will ich nicht
unerwähnt lassen. In einem grossen Lazareth braucht man häufig
warmes Wasser. Da nun kleine Küchen, worin sich die Wärter
dasselbe hätten bereiten können, nicht vorhanden waren und das
Warmwassergefäss in der allgemeinen Krankenküche kaum den Bedarf zum Kochen, Spülen etc. deckte, so wurde mit Vortheil ein
grosser Kessel in derselben Waschküche, in welcher die Desinfections-
lösung stand, täglich von den Laboranten geheizt und damit das
nöthige warme Wasser für die Abtheilungen bereitet.

V. Die Krätzheilanstalt.

Die Missstände, welche die anfangs übliche Evacuation der so
leicht heilbaren und zahlreichen Krätzkranken in die Hauptfeldspitäler und von dort oft noch weiter zurück, für die Kranken wie
für die Armee mit sich brachte, führten uns zur Errichtung einer
besondern Heilanstalt in einem kleinen Hofgebäude der Abtheilung I.
Die nöthigen Medicamente wurden am 9. und 10. November in Versailles und Corbeil angekauft, und zu gleicher Zeit drei heizbare
Lokale mit Bettfournituren versehen, und ferner ein Badekabinet und
Räucherkammer eingerichtet. Am 12. November war Alles in Ordnung; am 13. November kamen bereits die ersten Krätzkranken an
und bis zum Tage der Auflösung sind 254 solche Kranke rasch geheilt der Armee wieder zurückgegeben worden. Die Behandlung
bestand hauptsächlich in der Anwendung der Schmierseife, des ungt.
sugl. ad scab. oder Styrax; der Perubalsam, für die Spitalbehand-
lung zu theuer und auch nur zur Verwendung in den Cantonnements
empfohlen, wurde nicht gebraucht. Beim Austritt erhielten die
Krätzigen ihre Wäsche mit Chlorkalk gereinigt und die durch
24stündige Schwefelräucherung desinficirte Montur und Armatur
zurück.

Leider zerstörte uns ein Kaminbrand das schönste Krankenzimmer; obwohl derselbe zur Mittagszeit ausbrach, hatte er doch das

Gebälke des Fussbodens schon soweit ergriffen, dass er nur durch
die Energie des Commandanten, der den Fussboden durchschlagen
liess, gelöscht wurde. Die Kranken nahmen nicht den geringsten
Schaden, mussten jedoch nun in die grosse leer stehende Küche des
Krätzhauses verlegt werden.

VI. Das Blatternhaus.

Als der erste Blatternfall eintrat, verschaffte mir Hauptmann
Bernhold ein mit 4 heizbaren Zimmern versehenes Haus, das
isolirt im Dorfe stand, von einem Gärtchen umgeben und von der
Strasse noch weiter durch einen Vorhof und Gartenmauer getrennt
war. Der Eingang erhielt in deutscher und französischer Sprache
die Aufschrift: „Blattern! Eintritt verboten!" Ein in den letzten
Jahren erst mit Erfolg revaccinirter Wärter wurde in das Blatternhaus ständig commandirt und ihm jeder Verkehr mit den übrigen
Kranken und Personale verboten; er erhielt eine besondere Geldzu-
lage; aber es ist der Krankendienst und beständige Aufenthalt in
einem solchen Hause eine harte Aufgabe und musste wegen Er-
krankung der Wärter, wenn auch nicht an den Blattern, diese Stelle
3 mal gewechselt werden.

Die Speisen und Getränke erhielten Wärter und Kranke in besonders gehaltenen Geschirren bis an die Thüre gebracht und jeder
Besuch oder jedes Verlassen des Hauses war streng untersagt. Auch
von den Aerzten durfte nur der Ordinirende das Haus betreten und
die Geistlichen waren ersucht, blos bei schweren Erkrankungsfällen
hineinzugehen.

Alsbald nach jeder Neuaufnahme hatte der Wärter die Reinigung
der Montur und Armatur vorzunehmen, indem er die Uniformen auf
die oben unter Desinfection bezeichnete Weise einige Stunden in
einem geheizten Backofen liegen liess, das Gewehr, Säbel und Leder-
zeug aber mit Chlorkalkwasser tüchtig abwusch und dann Montur
und Armatur in dem zugigen Boden des Hauses zur Lüftung bis
zum Austritt des Kranken aufhing. Bei der Entlassung mussten die
Kranken, nachdem sie sich vorher öfters am ganzen Leibe gewaschen
hatten, auf diesen Hausboden kommen, sich daselbst vollständig ent-
kleiden und ihre eigne Leibwäsche zurücklassen, die später verbrannt
oder vergraben wurde; dafür erhielten sie aus den Liebesgaben neue
und vollständige Wäsche, nahmen ihre Uniformen und Waffen, und
hatten darauf das Haus zu verlassen, ohne wieder mit den zurück-
bleibenden Kranken in Berührung zu kommen.

Drei Kranke starben an den Blattern; von ihren Effecten wurden nur das Gewehr und der Säbel, nachdem sie mit Chlorkalk gewaschen lange Zeit im Freien gelegen waren, zurückbehalten, ihre Strohsäcke, Leintücher und Decken aber nebst dem Armatur-Lederwerk verbrannt. Bei einem solchen Autodafé wäre ich selbst fast erschossen worden. Der Erste nämlich, welcher starb, hatte offenbar in seinem Strohsack eine Menge metallener Werder-Patronen versteckt, denn aus der Patrontasche waren sie vorher entfernt und auch die Taschen der Kleider durchsucht worden. Um mich zu überzeugen, dass Alles in Ordnung vor sich gehe, blieb ich dabei, als der Scheiterhaufen angezündet wurde und sah auf einen Schritt Entfernung zu, wie die Flamme allmälig um sich leckte. Da knallt es, wie die Lohe durch den Strohsack schlug, und ich und mein Blatternwärter hörten die Kugel in den Blättern des rückwärts befindlichen Gebüsches pfeifen; es folgten noch mehrere solche Schüsse, so dass wir doch aus unserer Ruhe kamen und hinter einen nahe stehenden Pappelbaum retirirten, worauf rasch ein kleines Pelotonfeuer folgte und das ganze Spital allarmirte. Doch ereignete sich kein Unglück.

Bei den Todesfällen an Blattern wurde die Leiche nach ärztlicher Constatirung des Todes baldigst aus dem Zimmer gebracht und mit dem Leintuch umhüllt in den Sarg gelegt. Das Begräbniss erfolgte ohne vorherige Section schnell und in aller Stille.

Bei Aufhebung des Blatternhauses fehlte zum Walken der Decken Zeit und Gelegenheit, die blosse Desinfection durch Hitze oder Waschen mit Chlorkalkauflösung gibt keine sichere Garantie, und zudem bestand die Gefahr, dass diese Gegenstände unter den Kriegsverhältnissen gleich oder später unter andere Decken gemengt werden können. So zog ich die Vernichtung vor und liess vor unserem Abmarsch sämmtliche Bettfournituren und einige Feldbettladen verbrennen.

VII. Das Passantenhaus und die Evacuation.

Am 2. December erhielt der Commandant B e r n h o l d die mündliche Mittheilung, dass der in Antony bei der 2. Sanitäts-Compagnie befindliche Evacuations-Sammelplatz, welcher daselbst nicht aus dem Bereiche des feindlichen Feuers sei, nach Verrières verlegt werden müsse, worauf sofort Vorbereitungen deswegen getroffen wurden. Als am 3. December die Armeecorps-Ordre eintraf, dass der Sammelplatz für die mit den Proviantcolonnen zu befördernden Kranken-Evacuationeu zum Aufnahmsspital XII verlegt sei, und dieses für

Lokal, Verpflegung und Beförderung zu sorgen habe, war fast Alles
bis auf Weniges schon gerichtet. Am 4. December konnten bereits
die ersten vom Aufnahmsspital IV zu Versailles evacuirten Leute
aufgenommen, verpflegt und Tags darauf weiter befördert werden.
Bei der Einrichtung des Passantenhauses wurde der Grundsatz
festgehalten, dass dasselbe an der Strasse und in der Nähe des Hauptgebäudes liegen und weniger sehr gute, luftige und sonnige Krankenzimmer als grosse Säle zur Unterkunft und zum Sammelplatz der
Ankommenden und Abgehenden haben müsse. Demgemäss gab die
Abtheilung II ihre Kranke an die sofort neu errichtete Abtheilung VII
in der rue de Châtenay ab und verwandelte sich in das Passantenhaus mit 51 Betten und weiteren 16 Betten für die zum Dienst in
dieser Anstalt und Hilfe bei der Evacuation commandirten 15 Sanitätssoldaten und einen Korporal. Ausserdem waren im ersten Stock-
werk zwei grosse Säle mit Tischen, Stühlen und Bänken als Gesellschaftszimmer eingerichtet für solche, die hier essen und bei Tag
oder Abends sich versammeln wollten, wie für solche, die, von ande-
ren nahegelegenen Spitälern kommend, während der kurzen Zeit der
Umladung hier ihre Verpflegung zu sich nahmen oder wieder etwas
erwärmten. Diese zwei Gesellschaftszimmer waren den Soldaten
ausserordentlich angenehm; da spielten sie Domino, Mühlziehen etc.
oder sassen am Kamin, rauchten gemüthlich die erhaltene Cigarre
und unterhielten sich von ihren Mühsalen, Schlachten und Siegen.
Jeder übernachtende oder noch nicht verköstigte Passant erhielt
seine vollständige Verpflegung und ausserdem aus den Liebesgaben
auch Tabak, Cigarren, sowie an Wäsche, was er bedurfte; der Verbrauch an wollenen und leinenen Hemden, Jacken, Unterhosen und
Strümpfen war massenhaft.
Die Leitung des Passantenhauses führte ich allein, zog jedoch,
wenn viele Verwundete zu verbinden waren, einen oder mehrere
Assistenzärzte zur Mitwirkung bei. Als die Eisenbahn nördlich um
Paris bis Versailles in Betrieb gesetzt worden war und sich zur
Evacuation in die rückwärts gelegenen Hauptfeldspitäler und in die
Heimath benützen liess, wurde durch Armeecorps-Befehl am 15. Februar das Passantenhaus zu Verrières aufgelöst und der Sammelplatz der Evacuation für sämmtliche Aufnahmsspitäler nach Versailles
zum Aufnahmsfeldspital IV verlegt. Im Ganzen betrug der Passan-
tenverkehr in Verrières vom 4. December 1870 bis 16. Februar 1871 :
aufgenommene Passanten 1196 (darunter 356 Verwundete), und 1522
blos weiter beförderte und theilweise verköstigte Passanten, wenn sie
nämlich an dem Tage noch keine Verpflegung erhalten hatten.

Die bayerische Instruction für den Transport Verwundeter und Kranker nimmt die schleunigste Entfernung der Verwundeten und Kranken, die ausgedehnteste Evacuirung der Spitäler des Kriegsschauplatzes als Grundsatz an, damit nicht nur die medicinische und diätetische Pflege erleichtert und den Nachtheilen der Krankenanhäufung vorgebeugt wird, sondern auch, weil hiedurch die Feldspitäler für die oft plötzliche und massenhafte Aufnahme neuer Kranker und Verwundeter bereit gehalten werden können und bei den Operationen die oft folgenschwere Rücksichtnahme auf die etablirten Feldspitäler innerhalb des Kriegsschauplatzes möglichst erleichtert wird.

Die Folgen der anstrengenden Eilmärsche nach Paris mit den intercurrirenden Schlachten, der mangelhaften Verpflegung in den ersten Wochen der Cernirung, der Bivouaks während der kühlen Septembernächte, des vielen Genusses von Obst etc. blieben nicht aus; gastrische Fieber, Diarrhoen, Dysenterieen und Typhen rissen ein und die Kranken strömten uns zu, so dass schon in den ersten Tagen des October sämmtliche Feldspitäler des 2. Armeecorps überfüllt waren. Die Nothwendigkeit einer raschen und ausgiebigen Evacuation trat dringend an uns heran. Unser Adjutant, Lieutenant Fexer, stets bereit sich nützlich zu erweisen, fuhr sofort nach Corbeil und brachte noch denselben Abend die Nachricht, dass eine zahlreiche Evacuation in die dortigen Hauptfeldspitäler möglich sei. Commandant Bernhold ritt nach Versailles, um von den Johannitern Transportwägen zu erhalten, kam aber leer zurück. Nun hiess es: „Hilf Dir selbst" und als wir diess thaten, war geholfen.

Während ich am 7. October den Ordinirenden die Principien zur Auswahl für die Evacuation angab und selbstthätig dabei mitwirkte, die Transportlisten fertigen liess und die nöthigen Anordnungen über die Verköstigung und Versammlung vor der Abfahrt traf, stellte Hauptmann Bernhold Transportwägen aus Leiterwägen, zweiräderigen Karren und auch auf sinnreiche Weise aus unsern Feldspitalfourgons her, die wahre Ungethüme auf den ersten Anblick ganz und gar unbrauchbar dazu schienen. Am 8. October ging schon der erste Krankentransport und fast Tag um Tag folgten andere die nächsten Monate hindurch. Hauptmann Bernhold liess nach vollständiger Entleerung der Wägen zwei niedrige Sitzbänke innen an beiden Längsseiten des Wagenkastens befestigen, so dass auf jeder Seite 6 Kranke, mit dem Gesichte sich zugekehrt, Platz fanden. Der Deckel stand durch die eingesetzte Eisenstange in Drittelshöhe offen; da aber diese leicht aus dem Hacken springen konnte, so liess Bernhold zur Sicherung am hintern und vordern Theile

des Wagens noch schmale Bretter als Deckelstützen anbringen. Ge-
wehre, Säbel und Patrontaschen kamen unter die Bänke, die Tornister auf die Fallgitter. Die Kranken sassen darin warm und sicher
und nie hat sich ein unangenehmer Vorfall ereignet, so viele Dutzend-
male auch diese Wägen im Gebrauch waren. Ich bin jedoch weit
entfernt davon, zu sagen, dass diese Deckelwägen ausgezeichnet gewesen seien; im Gegentheil, sie hatten grosse Mängel und ich wünschte
sie in der Zukunft durch entsprechendere Fourgons ersetzt. Aber
es war die beste Manier, sie zum Transport zu benützen und dazu
dienten sie immer noch besser als die selbst in späterer Zeit noch
grösstentheils ungedeckten Proviantwägen; sie leisteten, was man
unter solchen Umständen verlangen konnte und wurden auch durch
Expeditionsbefehl des 2. Armeecorps vom 30. October die übrigen
Feldspitäler zur Benützung ihrer eigenen Wägen in ähnlicher Weise
bei Evacuationen angewiesen.

Da die Aufnahmsfeldspitäler die Bestimmung haben, stets in bemessener Nähe des Heeres sich zu halten, um die Kranken und Verwundeten aufzunehmen, mit der ersten Hilfe zu versehen und sie insolange zu verpflegen, bis sie in transportfähigen Zustand gesetzt
sind und den Hauptfeldspitälern übergeben werden können, so waren
die Principien bei der Auswahl zur Evacuation folgende:

a) Evacuirt wurden: 1) in die Hauptfeldspitäler die
sitzend oder liegend transportfähigen Kranken und Verwundeten,
welche nicht allem Anschein nach in 6 bis 8 Tagen wieder gesund
wurden, vielmehr eine Zeit von 2 bis 6 Wochen zur Herstellung erforderten. Manchmal musste man jedoch davon abgehen, wenn der
Krankenandrang zu stark war und Raum zur Neuaufnahme fehlte.
Auch wurden alle Syphilitische und anfangs die Krätzigen in die Hauptfeldspitäler transferirt; 2) in die Heimath resp. zum Depot
diejenigen Kranken und Verwundeten, welche für diesen weiten Weg
transportfähig waren, gänzlich oder theilweise untauglich erschienen
oder sicher über 6 Wochen Zeit zu ihrer Genesung nöthig hatten.
Durch die Evacuation solcher Leute gleich direct nach Hause nützte
man nicht nur den Kranken, deren Zustand zu Hause sich schneller
besserte, als in den ebenfalls bald überfüllten Hauptspitälern, sondern
belästigte auch die letzteren nicht.

b) Nicht evacuirt durften werden alle, deren Zustand durch
den Transport verschlimmert worden wäre, wie: 1) Blessirte mit
penetrirenden Wunden des Kopfes, der Brust oder des Bauches, mit
mehrfachen Knochenfracturen und ähnlichen sehr schweren Verletzungen; 2) Dysenterieen, Typhen, Blattern, Cholera; 3) alle innerlich

Kranke im acuten Stadium der Krankheit. Hierüber sagte eine Ordre
des Armee-Obercommandos d. d. Versailles, den 3. Decbr. No. 4159:
„Man lasse sie lieber an Ort und Stelle, selbst auf die Gefahr hin,
dass sie in Feindeshand fallen. Der Feind kann nicht so grausam
sein, selbst wenn er die Genfer Convention unbeachtet lässt, als der
Tod, dem man sie sicher entgegenschickt, wenn man nur im Allgemeinen das Princip der Evacuationen, ohne den einzelnen Kranken
zu individualisiren, im Auge hat."

Nach geschehener Auswahl hatten die Ordinirenden die Ordinationsbögen mit genauer Bezeichnung, wohin die Evacuation statt-
finden soll, abzuschliessen und im Jourzimmer abzugeben, worauf
daselbst der jourhabende Assistenzarzt für jeden einzelnen Kranken
ein Austrittsbillet und für alle eine Gesammttransportliste mit genauer
Angabe der Vor- und Zunamen, Abtheilungen und Krankheit an-
fertigte.

Eine Stunde vor Abgang des Transportes, der meist früh 8 oder
9 Uhr erfolgte, erhielten die Evacuirten ihr Mittagessen (Suppe,
Fleisch und Brod) als Frühstück und den Morgen-Kaffe mit Cognac
vermischt als erwärmendes Getränk in ihre Feldflaschen auf den
Weg. Dieses Getränke wurde von den Kranken etc. dem durchschnittlich geringen und nicht erwärmenden Rothwein vorgezogen
und desshalb später ganz an seine Stelle gesetzt. Wie später die
Evacuationen mit Proviantcolonnen nach Nogent l'Artaud giugen, bekam jeder Mann auf zwei Tage Lebensmittel und zwar 1 Liter Wein,
2 Pfund Brod, 2 Pfund gesottenes Rindfleisch, 2 Loth Kaffe und
1 Loth Zucker. Nach der Errichtung von Erfrischungs- und Nacht-
stationen, welche durch die Johanniter zwischen Nogent l'Artaud und
später Lagny mit Aerzten und Wartpersonal versehen waren, er-
schien diese Verproviantirung nicht mehr nöthig und cessirte auf
höheren Befehl die frühere Anordnung wieder. Alsdann führten die
Wärter jeder Abtheilung alle zu Evacuirenden in den als Sammelplatz bestimmten Salon, welcher für meine eigenen Kranken parterre
im Hauptgebäude lag, für die Passanten in den oben erwähnten
Conversationszimmern bestand.

Ein Arzt verlas die Kranken nach der Gesammttransportliste und
schickte sie nach und nach in je für einen Wagen bemessener Anzahl
in den Hof, an dessen beiden Ausgängen auf die Strasse Hauptmann
Bernhold, der trotz seiner im Jahr 1866 erhaltenen und noch nicht
geheilten Knochenschusswunde sich durch kein Unwetter davon abhalten liess, und ich selbst immer zwei Wägen zu gleicher Zeit ver-
luden. Wärter mussten die Tornister und Armatur der Kranken und

2*

diese selbst, wenn sie nicht gehen konnten, bis an die Wägen tragen und andere Wärter und Sanitätssoldaten waren zur Hilfe bei der Verladung an den Wägen selbst postirt. Diejenigen Leute, welche sitzen konnten, fanden in unseren Feldspitalwägen die langen Bänke und in den Wägen der Proviantcolonnen hatten sie Sitzbretter, die entsprechend lang schon vorräthig zugeschnitten nur quer über den Wagenkasten gelegt zu werden brauchten, worauf sie durch das Gewicht der darauf Sitzenden sich von selbst fest einzwängten. Als die Bretter ausgegangen waren, liess Hauptmann Bernhold dazu mehrere Latten nehmen, und endlich wurden alle Arten Sitze aus über einander gelegten Tornistern und den Kisten, Heubündeln und Habersäcken, welche häufig in Proviantwägen lagen, formirt. Diejenigen, welche nur liegend transportirt werden konnten, erhielten ihre Lagerung auf dichtgefüllten Strohsäcken und bekamen wollene Decken auf die Reise mit. Um die nöthige Rücksicht bei der Verladung auf die schwächeren Kranken und schwerer Verwundeten, welche in einem eigens dazu vom Commandanten requirirten grossen Privat-Omnibus oder in gedeckten Wägen untergebracht wurden, nehmen zu können, mussten die Ordinirenden solche besondere Rücksicht verdienende Kranke etc. vorher namentlich bezeichnen.

Den ersten Evacuationszug sowie auch alle spätere mit eigenen Wägen führte immer ein Assistenzarzt, der sich mit den nöthigsten Hilfsmitteln (Opiumtinctur, Hoffmann'sche Tropfen, Verbandmaterial) zu versehen hatte und der zu seiner Unterstützung noch einen berittenen Fuhrwesens-Korporal und 2 Wärter erhielt. Die nach der Instruction für den Transport Kranker und Verwundeter vorgeschriebene Anzahl von Begleitern konnte bei dem zum Krankenstande ohnehin zu geringen Wartpersonal nie mitgegeben werden. Nachdem das Passantenhaus nach Verrières verlegt worden war und von da aus mittelst Proviantcolonnen wechselnd mit dem Fuhrwerk der Sanitätscompagnieen und requirirten Wägen anderer Feldspitäler die Evacuationen stattfanden, wurden auf Antrag des Commandanten vom Armeecorps Aerzte aus Truppen-Abtheilungen und Sanitätssoldaten zur Begleitung commandirt. Die Hauptfeldspitäler erhielten jedesmal entweder schon den Abend zuvor oder früh am Morgen telegraphische Nachricht von dem Abgange des Transportes und seiner Krankenzahl.

Manche Hemmungen der Evacuation in die Hauptfeldspitäler beseitigte Hauptmann Bernhold dadurch, dass er sich persönlich dahin begab. Andere Hindernisse, wie die Sprengung der Eisenbahnbrücke bei Toul durch Franctireurs, brachten keine dauernde Störung hervor und bei Zerstörung der Seine-Schiffbrücke bei Ville-

neuve durch Eisgang nahmen die Proviantcolonnen auf höhere Weis-
ung den Umweg über Corbeil. Jedoch veranlassten solche Störungen
stets die Vermehrung der Lagerstellen, um neuen Zugang nicht ab-
weisen zu müssen, in welch traurige Nothwendigkeit wir zu unserer
Freude nie geriethen.

Die Evacuationen fanden in die Hauptfeldspitäler zu Corbeil mit
Etiolles und Soissy, zu Nogent l'Artaud und Lagny, dann nach Versailles und in kleinem Massstabe auch nach Palaiseau und Longjumeau
statt. Während der 162 Tage Thätigkeit des Feldspitals XII zu
Verrières le Buisson wurden 4528 eigne Kranke und Verwundete
und ferner 1196 aufgenommene und verpflegte, und 1522 blos weiter
beförderte und theilweise verköstigte Passanten, in Summa 7246 Mann
mit 115 Transportzügen (es gingen manchmal zwei Transporte nach
verschiedenen Richtungen an einem Tage) evacuirt, so dass also im
Durchschnitt 63 Mann auf einen Zug verladen wurden. Und doch war
das Verladungsgeschäft in $\frac{1}{2}$ bis höchstens $\frac{3}{4}$ Stunden vollendet;
die Ordnung, der gleichmässige ruhige Gang und die Vermeidung
unnöthigen Personalwechsels bei den einzelnen Geschäften machten
dieses Resultat leicht möglich. Wenn auch durch diese raschen und
ausgiebigen Evacuationen die Kranken und Blessirten einen oder
mehrere Tage etwas ausstehen mussten, so wurden doch sie selbst
in eine günstigere, später sehr rentirende Lage versetzt und die
rings um die Aufnahmsfeldspitäler cantonnirende Armee, über die
sich die ansteckenden Krankheiten hätten verbreiten müssen, wurde
vor grossem Unglück bewahrt.

Die Nothwendigkeit der eigenen Bespannung der Feldspitäler
hat sich in diesem Kriege evident gezeigt. Man war dadurch im
Stande, der Armee stets unmittelbar zu folgen, bei jeder Schlacht
hilfsbereit zu sein und konnte Pferde und Wägen zum Herbeischaffen
von Verpflegsgegenständen aller Art und beständig zu den Evacuationen gebrauchen. Unsere Pferde standen während der mehr als
fünfmonatlichen Etablirung des Feldspitals keineswegs ruhig im Stall,
sondern hatten durch die angegebene Verwendungsweise eher zu
viele und zu grosse Anstrengungen. Andererseits kann ich mir nicht
denken, wie ein unbespanntes Feldspital von der letzten Eisenbahn-
station fortkommen soll, wenn wie diessmal von der vorausziehenden
Armee alle nur irgend brauchbaren Pferde requirirt wurden und
kaum mehr als ein oder zwei Vorspannspferde aufzutreiben waren.

VIII. Küche, Kost und Getränke.

Die Krankenküche befand sich gleich neben dem Jourzimmer im Hauptgebäude und von hier aus wurde die Kost auf die nahen Abtheilungen portionenweise, auf die entfernteren zusammen in grösseren Gefässen getragen. Während der strengsten Winterzeit erkalteten freilich die Speisen auf dem Wege und mussten in den entfernten Gebäuden noch einmal gewärmt werden; allein wir konnten es absolut nicht anders machen, weil alle Einwohner, besonders die weiblichen, aus der ganzen Gegend geflüchtet waren. Nicht einmal eine Küchenmagd liess sich finden und da die Köchin allein täglich für mehrere hundert Kranke die Kost nicht zu bereiten vermochte, so erhielt sie zwei Wärter zur Unterstützung, welche sich zu diesem Geschäfte anstellig zeigten und auch zur grössten Zufriedenheit arbeiteten. Die bauliche Einrichtung der Küche war für so grossen Bedarf zu gering; fast wie in allen Küchen französischer Landhäuser befand sich nur ein Heerd mit kleinen Kochlöchern darin, um wohl vielerlei aber in geringer Quantität zu kochen und ferner ein Kamin mit Raum für zwei grosse Kessel. Die Köchin hatte daher eine beschwerliche Arbeit, doch ihre Rührigkeit überwand die Hindernisse und man konnte mit der Kost sehr zufrieden sein. Eine gute und leicht transportable Feldspital-Kücheneinrichtung wäre sehr zu wünschen; aber ich muss gestehen, dass ich in diesem Fache zu wenig erfahren bin.

Die Verpflegung der Kranken fand nach dem bayerischen Kost-Reglement statt, doch war sie durch Liebesgaben vielfach aufgebessert. Morgens gab es Fleischsuppe, Brodsuppe, Kaffe oder Chocolade, wovon der Ordinirende das Passende wählen konnte; Vormittags standen weiche Eier und Bouillon bereit; Mittags waren täglich Fleischsuppe, Rindfleisch und Gemüse vorhanden; ferner eingemachtes oder gebratenes Kalbfleisch und Mehlspeisen nur in beschränkterem Masse und nur für die Bedürftigsten berechnet. Unter den Suppen wechselten Fleischsuppen (mit oder ohne Zusatz von Fleischextract je nach der Ordination), Brod-, Reis-, Gries-, Gersten-, Sago- und Nudelsuppen; von den Gemüsen waren die hauptsächlichsten: Kartoffeln, gelbe Rüben, wovon der Commandant schon im Herbste einen fast bis Ende Februar reichenden Vorrath durch Herrendienst einsammeln liess, ferner Carviol, Spinat, Linsen, grüne und ausgehülste Bohnen, letztere auch als Präserven von Hülfsvereinen, und am Schlusse der Etablirungszeit fand die Köchin sogar noch den herrlichsten Rosenkohl in den Gärten und kam frisches Weisskraut aus Bamberg über Versailles an. Auch ein Fass Sauerkraut erhielten wir einmal von der Verpflegsabtheilung; da jedoch dieses Gemüse für manche Kranke nicht zulässig ist, so durfte es, um Irrthümer zu vermeiden, nur an zwei bestimmten Tagen der Woche bereitet werden. Als Mehlspeisen nenne ich besonders Maccaroni-Nudeln, von denen wir eine grosse Kiste voll in Liebesgaben entdeckten und die sich vermöge ihrer Haltbarkeit sehr gut zur Verproviantirung von Feldspitälern eignen, ferner Omelettes, Reis-, Mehl-und Griesbreie, solange wir Kühe hatten und soweit deren Milch zureichte. — Nachmittags konnte wieder Kaffe und Chocolade, Abends Suppe und Fleisch und für Einzelne auch Kalbfleisch oder Mehlspeisen ordinirt werden.

Die Abgabe des Frühstücks erfolgte um 7 Uhr früh, des Mittagessens um 12 und der Abendkost um 5 Uhr Nachmittags, wozu mittelst einer grossen am Küchen-Eingang befindlichen Glocke den Wärtern das Zeichen gegeben wurde.

Milch ist für Spitäler unentbehrlich; Commandant Bernhold schaffte daher sofort bei der Etablirung zwei Kühe bei und sorgte immer wieder für neue, als diese und noch einige andere trotz guter Verpflegung krank geworden oder trotz aller Vorsichtsmassregeln der Rinderpest erlegen waren. Mehrmals ereignete sich dieser Unfall rasch nach einander, so dass wir auch ausriefen: „Quel malheur!"

Die kostbarsten Geschenke der Hilfsvereine für die Krankenküche waren mehrere Kisten Eier, von denen es in Verrières und Umgegend kein Stück gab und die einigemale weit von Corbeil her bis zu 6 Kreuzer das Stück bezogen werden mussten. Und wenn sie ausgingen, hatten wir wieder grand malheur; denn wer kann kochen ohne Eier?

Das Brunnenwasser war überall gleich hell, rein, klar, ohne Farbe, Geruch und Beigeschmack, aber von ziemlicher Härte, und in den tiefer gelegenen Spitalgebäuden weniger frisch und matt, dagegen in den höher gelegenen Theilen des Dorfes und damit der Abtheilungen V, VI und VII kälter, kohlensäurereicher, erquickender und schmackhafter. Reagenzien befinden sich in einer Filial-Feldapotheke nicht, waren auch in Civil-Apotheken nicht zu erhalten, und so musste eine chemische Analyse des Wassers unterbleiben.

Die gefassten gewöhnlichen Weine waren nie von sonderlich feiner Qualität; einigemal aber mussten sie zurückgewiesen und Meldung gemacht werden, worauf die Erlaubniss erfolgte, bei Wiederholung der Abgabe solcher für Kranke ungeeigneter Weine den Be-

24

darf in Versailles selbst anzukaufen, was auch geschah. Mit feinen
Krankenweinen, wie Sherry, Madeira, Portwein, Burgunder und Bor-
deaux, auch guten weissen Pfälzer Sorten, versahen uns die Hilfsvereine reichlich: die schweren Weine, wie Sherry, Madeira etc.
übernahm die Apotheke und gab sie nur auf Ordination als Arznei
ab, die übrigen kamen als Getränk der Kranken zu 1—2 Quart täglich in Verbrauch und befanden sich zur Abgabe und Verwahrung
in Händen der Administration.

An Citronen zu Limonaden fehlte es selten, an Fruchtsäften
öfter, die aber für die Meisten unserer Kranken auch weniger passten.
Als der Vorrath von Eibisch, Salep und süssen Mandeln zu schlei-
migen Getränken verbraucht und nicht mehr zu ersetzen war, trat
der Milchextract an die Stelle, der auch zum Kaffe und Chocolade
verwendet wurde, wenn wir keine Kühe hatten. Der Milchextract,
aufgelöst in frischem Wasser (℥ j,? auf ℥ 24), gibt ein sehr wohl-
schmeckendes und erfrischendes mildes Getränk, das bei Diarrhoen,
Dysenterieen etc. von guter Wirkung war, das die Kranken sehr
liebten und der puren Milch vorzogen. Zur Bereitung von Milch- und
Mehlspeisen eignet sich der Milchextract weniger, weil er beim
Kochen gerinnt.

IX. Feldapotheke und Medicamente.

Die Feldapotheke war in zwei kleinen, gerade noch genügenden
Räumlichkeiten des Parterregeschosses der Abtheilung II, am Eingang in den Hof des Hauptgebäudes, etablirt und aussen durch eine
Tafel mit der Aufschrift: „Feldapotheke" kenntlich gemacht; nebenan
hatte noch ein Apotheker seine Wohnung.

Die häufigsten Krankheiten im Felde sind gastrische und rheu-
matische Fieber, Katarrhe, Lungenentzündungen, Diarrhoen, Dysenterieen und Typhen gewesen und demgemäss wurden besonders folgende Medicamente ordinirt: Chinin, Colombo, Tannin, Alumen,
Opium, Rheum, Mineralsäuren, Natr. bicarb. rad. alth., salep., rad.
liquir., amygd. dulc., gummi arab., Senfmehl, Chlorwasser, und besonders Desinfectionsmittel, wie: Chlorkalk und Eisenvitriol.

Die nicht vorhandenen oder verbrauchten Medicamente wurden
theils durch freien Ankauf in Corbeil und Versailles, theils vom
Medicamenten-Depot in Corbeil, sowie auch direkt von der Militär-
Apotheke in Landau bezogen. Manches kam mit Liebesgaben und
viele sehr brauchbare Stoffe wurden von dem Landwehr-Apotheker
H i r s c h auf höheren Befehl aus den verlassenen Civilapotheken der

in der Vorpostenkette gelegenen Ortschaften Châtillon und Bourg la reine geholt, wobei das Indifferente liegen blieb, die Gifte aber vernichtet wurden.

Zwei in Verrières aufgefundene Eiskeller deckten unsern Bedarf lange Zeit und später liess Hauptmann Bernhold das benöthigte Eis aus Châtenay holen, wo er einen Eiskeller erkundet hatte.

X. Todesfälle, Sectionen und Begräbniss.

Bei jedem Todesfalle hatten die Aerzte den Ordinationsbogen sofort abzuschliessen und dem jourhabenden Assistenten zu schicken, worauf derselbe die Anzeige an den Commandanten wegen der Vorbereitungen zum Begräbniss machte und den Todtenschein ausstellte, damit dieser nach erhaltener Unterschrift sobald als möglich der Abtheilung und der Heimath des Verlebten zugesandt werden konnte.

Das Sectionslokale befand sich anfangs in einem Hofgebäude zu nahe der Abtheilung I und unsern Stallungen, wesshalb es in einen entfernteren Gartenpavillon verlegt wurde, der durch 3 grosse, bis an den Boden reichende Fenster sehr hell war, im Souterrain ein starkes Quellwasser hatte und sich vortrefflich dazu eignete; gleich nebenan war eine Grube zur Aufnahme der Flüssigkeiten und Abfälle bei Sectionen eröffnet. Unter Aufsicht der Ordinirenden machten die Assistenzärzte der betreffenden Abtheilungen die Sectionen und trugen die Befunde in ein besonderes Journal ein.

Die Begräbnisse unserer gestorbenen Krieger fanden auf ehrenvolle Weise mit militärischen Conducten und geistlicher Begleitung in einer besondern Abtheilung des allgemeinen Kirchhofs statt und wurden alle Gräber nummerirt und genau bezeichnet. Es ist zwar im Felde üblich und häufig nicht anders möglich, als die Todten blos in ihren Uniformen in die Grube zu legen; aber immerhin macht dieses Verfahren auf die Anwesenden einen anstössigen Eindruck und sollte wenn irgend möglich vermieden werden. Es wurde daher von unserem Schreiner, einem Fuhrsoldaten, für jeden Todten ein Sarg gezimmert und als keine Bretter mehr vorhanden waren, fand die Pietät des Commandanten immer wieder in alten Thüren, Fensterläden und Bretterböden die Mittel dazu.

Die Leichen dreier Offiziere und unseres Collegen Dr. Zerzog, welche nach Hause gebracht wurden, erhielten nach der Section und Entfernung aller Flüssigkeiten eine Einpinselung mit Sublimatlösung, um die Fäulniss etwas aufzuhalten, einen gut verlötheten Sarg von Zink und darüber noch einen Sarg von Holz.

XI. Das ärztliche Jourzimmer und Rapportwesen.

Das ärztliche Jourzimmer, dessen Einrichtung sogleich beim Aufschlagen eines Feldspitals zur Erhaltung der Ordnung und der Rapportführung eine sehr wichtige Sache ist, lag im Parterre des Hauptgebäudes und war äusserlich durch eine in die Augen fallende Tafel bezeichnet, im Innern mit einem grossen Schreibtisch, einigen kleineren Tischen, Bänken und Stühlen, Waschbecken etc. und einem Bett für den jourhabenden Assistenten, der darin schlafen musste, versehen. In zwei kleinen Nebenkabineten befanden sich die chirurgischen Geräthschaften, als: Charpie, Compressen, Leinwand, Guttaperchazeug, Instrumente, Spritzen, Verbandschalen, Eisbeutel etc. zur Disposition der Ordinirenden aufbewahrt. Die Reinigung des Zimmers hatte der Bediente des Assistenten vom Tage zu besorgen.

Die Assistenzärzte wechselten täglich in der Jour in der Dauer von früh 8 Uhr bis zur selben Stunde am folgenden Tag, während welcher Zeit sie das Zimmer nur zur Essenszeit verlassen durften und konnten, denn ihre Arbeit war in der That so gross, dass sie manche Tage nicht vom Stuhl wegkamen. Zu ihrer Unterstützung wurde desshalb ein junger Mediziner, der als Soldat eingereiht, auf dem Bureau der Adjutantur zu wenig beschäftigt war, vom Commando ständig in das Jourzimmer gewiesen.

Jeder neue Zugang musste zuerst in das ärztliche Jourzimmer, wo seine Aufnahme und der Eintrag in die Verzeichnisse stattfand und er einen Ordinationsbogen erhielt, welcher die Nummer der ihm zugewiesenen Abtheilung trug. Ausser in Nothfällen, deren Anzeige im Jourzimmer sofort zu geschehen hatte, durften Patienten auf den einzelnen Abtheilungen nur dann aufgenommen werden, wenn sie mit dem im Jourzimmer erhaltenen Ordinationsbogen ihre Berechtigung dazu nachwiesen. Es ist diese Massregel durchaus unerlässlich, denn im entgegengesetzten Falle müsste jede Abtheilung eigne Krankenlisten führen, wodurch nur die Rapportführung vermehrt und erschwert würde und die Aufnahmen nachträglich im Jourzimmer angemeldet werden müssten, wobei wohl manches in Vergessenheit geriethe, und würden auch die Kranken vielfach von einer Abtheilung zur andern marschiren müssen, bis sie ein Ruheplätzchen finden. Uebrigens hatte unsere Einrichtung noch den weiteren Vortheil, dass man bei Besuchen und Nachfragen nach einem Manne nur das namentliche Verzeichniss, worin unterhalb der allgemeinen Bezeichnung J. E. S. oder K. die Abtheilungsnummer ebenfalls notirt wurde, nachzuschlagen hatte, um gleich zu wissen, auf welcher Abtheilung resp. in welchem Gebäude der Betreffende liege.

Zur mündlichen Besprechung der ärztlichen Angelegenheiten hatten sich die Ordinirenden täglich nach Beendigung der Morgenvisite im Jourzimmer einzufinden, worin auf einem bestimmten Platze auch alle Ordres und Erlasse zur allgemeinen Kenntnissnahme aufgelegt waren.

Endlich hatte ich zur Uebersicht der täglichen Krankenbewegung eine grosse schwarze Schultafel im ärztlichen Jourzimmer aufstellen lassen, welche nach dem angefügten Formulare *), zu dessen Verbesserung der Assistenzarzt von Bezold eifrig mitwirkte, täglich Mittags nach Anfertigung des Tagrapportes evident gehalten werden musste; die Zahl der leeren Betten und wichtigsten Krankheiten, sowie die benöthigten Nachtwachen reichten die Ordinirenden täglich dazu ein. Diese Tafel gab genau den Krankenstand nach Internisten, Externisten, Syphilitischen und Krätzigen, nach Soldaten und Offizieren, Bayern und Norddeutschen etc., den Stand an Typhen, Varioloiden, Dysenterieen etc. und Verwundungen an, und erleichterte durch die Kenntniss der Kranken und der leeren Betten einer Abtheilung dem Jourhabenden die entsprechende Vertheilung des Zuganges, mir selbst ausser der leichteren Uebersicht auch den Wechsel und die Ablösung bei den Nachtwachen unter den Schwestern und Wärtern.

Da der Dienst im ärztlichen Jourzimmer unter den Assistenten wechselte, Jeder nur alle 4 Tage an die Reihe kam, so musste ich die ersten Wochen hindurch die Rapportführung zugleich mit besorgen. Bald kam aber ein sicherer Dienstgang zu Stande und ich fand auch in dem Bataillonsarzte Dr. Dorffmeister namentlich bei den grösseren Monatsberichten einen schätzenswerthen Gehilfen.

Die ärztliche Rapportführung umfasste:
1) Das fortlaufende namentliche Verzeichniss der bayer. Offiziere, der bayer. Unteroffiziere und Soldaten, der verbündeten Offiziere, Unteroffiziere und Soldaten, und ebenso der französischen Armee, jede Liste für sich gesondert;
2) das fortlaufende namentliche Verzeichniss über die vom Beginn des Bombardements von Paris an aufgenommenen kriegsverwundeten Offiziere und Mannschaften, in derselben Weise wie sub Ziff. 1) gesondert;

---

*) Siehe am Schluss die Beilage.

3) die Einsendung einer Abschrift der namentlichen Verzeichnisse sub 1) alle 10 Tage an das k. bayerische Kriegsministerium;

4) die Einsendung einer Abschrift der namentlichen Verzeichnisse sub 2) alle 5 Tage an das Obercommando der Armee;

5) die fünftägigen Anzeigen der entlassenen, evacuirten oder gestorbenen Mannschaften an die Divisionen und selbstständigen Abtheilungen;

6) die sofortigen Anzeigen von an ihren Wunden gestorbenen Offizieren an das Oberkommando der 3. Armee und an das Hauptquartier;

7) die Anfertigung der Austrittsbillete für Geheilte und Evacuirte, von Gesammt-Transportlisten, von Todtenscheinen;

8) eine tägliche Standtabelle über die Kranken und Verwundeten der bayerischen, norddeutschen und französischen Armee, jede für sich gesondert;

9) eine fünftägige Zusammenstellung der Tagsstandtabellen sub Ziff. 8);

10) eine monatliche Zusammenstellung der Tagsstandtabellen sub Ziff. 8),

11) die 15tägigen Rapporte über den Gesundheitszustand des Personals;

12) die monatlichen Krankheitsformen-Tabellen für bayerische, verbündete und französische Offiziere, Unteroffiziere und Soldaten, ebenfalls gesondert.

Ich brauche nicht anzuführen, wie viel Kraft und Zeit dieses Rapportwesen erforderte und erwähne nur, dass ausser den Ordinationsbögen monatlich 10 Buch Papier bei uns dazu nöthig waren, dass jeder Kranke sechsmal ein- und ausgetragen werden musste, und berechne nicht, welche Arbeit das nur bei 50 Mann täglich Zu- und Abgang macht; es lässt diese grosse Rapportliste allein schon die zu umfangreiche Berichterstattung erkennen.

XII. Die Krankenbewegung.

a) Vom 29. September 1870 Abends bis 10. März 1871 Morgens wurden im Feldspital XII zu Verrières le Buisson aufgenommen und behandelt:

Benennung	Zugang von		Abgang durch			Ge-sammt-zahl.
	Truppen	Spitälern	Heilung	Evacuation	Tod	
Bayerische Offiziere und Militär-Beamte	14	—	10	4	—	14
Bayerische Unteroffiziere und Soldaten	5407	39	855	4493	98	5446
Norddeutsche Unteroffiziere und Soldaten	40	—	5	31	4	40
Summa	5461	39	870	4528	102	5500

Dazu kommen noch:

1) Aufgenommene und verpflegte Passanten 1196
2) Blos weiter beförderte und theilweise verköstigte Passanten 1522

Totalsumme 8218

b) Unter den 5500 behandelten Offizieren und Soldaten befanden sich:

Benennung	Internisten	Externisten	Syphilitische	Krätzige	Gesammt-zahl.
Bayerische Offiziere und Militär-Beamte	9	5	—	—	14
Bayerische Unteroffiziere und Soldaten	4312	687	110	337	5446
Norddeutsche Unteroffiziere und Soldaten	10	28	2	—	40
Summa	4331	728	112	337	5500

c) Unter den 720 externen Fällen waren Kriegsverwundungen:

Benennung	Haut- u. Muskel-Verletzungen	Knochen-Contusionen	Knochen-Fracturen	Eingeweide-Verletzungen	Summa	Verwundung durch			
						Schuss und Verbrennung	Hieb	Stich	Contusion
Bayerische Offiziere und Militär-Beamte ...	—	—	1	—	1	1	—	—	—
Bayerische Unteroffiziere und Soldaten ...	32	4	9	2	47	37	—	—	10
Norddeutsche Unteroffiziere und Soldaten ...	18	3	2	—	23	20	—	—	3
Summa	50	7	12	2	71	58	—	—	13

d) Nach Körpergegenden zerfallen die Kriegsverletzungen:

Körpergegenden	Haut- und Muskel-Verletzungen	Knochen-Contusionen	Knochen-Fracturen	Eingeweide-Verletzungen	Summa	Verwundung durch			
						Schuss und Verbrennung	Hieb	Stich	Contusion
I. des Kopfes	7	—	2	—	9	8	—	—	1
II. des Halses	1	—	—	—	1	1	—	—	—
der Brust	5	—	—	1	6	5	—	—	1
des Bauches ...	—	—	—	1	1	1	—	—	—
des Beckens ...	3	—	—	—	3	2	—	—	1
III. der Schultern ...	2	1	—	—	3	2	—	—	1
des Oberarmes ..	6	1	—	—	7	5	—	—	2
des Vorderarmes ..	3	1	1	—	5	4	—	—	1
der Hand	3	—	1	—	4	4	—	—	—
IV. des Hüftgelenks ..	1	1	—	—	2	1	—	—	1
des Oberschenkels .	8	—	3	—	11	10	—	—	1
des Kniegelenkes ..	2	—	1	—	3	3	—	—	—
des Unterschenkels .	6	3	4	—	13	9	—	—	4
des Fusses	3	—	—	—	3	3	—	—	—
Summa	50	7	12	2	71	58	—	—	13

Ausser diesen 71 Kriegsverletzungen, worunter 5 schwere Verbrennungen in Folge Explosion eines Patronenmagazins durch einen Granatschuss, als Haut- und Muskelverletzungen inbegriffen sind, kamen vor: 186 Typhen, 321 Dysenterieen, 91 Variolen und Varioloiden, 937 Brustkatarrhe, 995 Gastricismen, 346 Gastrointestinal-Catarrhe, 657 Diarrhoen, 110 Icterus, 232 Muskelrheumatismen, 463 Defatigationen, 95 Abscesse und Furunkeln, 115 Excoriationen und Geschwüre, 13 Knochenfracturen, 21 Hernien, 61 Augenentzündungen, 43 Eczema, 112 Syphilitische und 337 Krätzige; die übrigen Fälle vertheilen sich in kleinerer Anzahl auf verschiedene Krankheitsformen.

Von den Todesfällen treffen 2 auf Pneumonie, 2 auf Oedema pulmonum, 1 auf Peritonitis, 3 auf Meningitis, 2 auf Lungentuberculose, 51 auf Typhus, 25 auf Dysenterie, 3 auf Variola, 8 auf Kriegsschussverletzungen, 2 auf Pulververbrennung, 1 auf Commotio cerebri, 1 auf Gangrän und 1 auf Pleuritis. Ein Gesammt-Mortalitätsverhätniss zu berechnen, ist unmöglich, da sich unter den Evacuirten auch viele Geheilte befinden und dieselben sich nicht überall ausscheiden lassen. Bei Typhus und Dysenterie ist diess allein möglich, weil die Evacuirten dieser Krankheiten sämmtlich geheilt waren und daher zu diesen zu rechnen sind. Es beträgt die Mortalität bei Typhus 27,0 Proc. und bei Dysenterie 8,0 Procent.

Der herrschende Krankheitscharacter war vom October 1870 bis März 1871 der katarrhalisch-gastrische. Typhen gab es im October und November am meisten, dann nahmen sie stetig an Zahl und auch an Intensität ab. Alle Fälle bis auf einen rasch mit Tod endenden Petechialtyphus waren abdominaler Natur. Die Behandlung des Typhus, im Allgemeinen expectativ und diätetisch, bestand hauptsächlich in Reinlichkeit und Zuführung beständig frischer Luft, nur hie und da wurden Mineralsäuren, Chinin etc. gegeben. Bei der zu grossen Anzahl von Typhen und zu geringem Wärterpersonal, bei den mangelnden Einrichtungen etc. konnte an die Kaltwasserbehandlung des Typhus nicht gedacht werden.

Auch die Dysenterie, welche im October, November und December sehr um sich gegriffen hatte, liess in diesem Jahre bedeutend nach. Für ihre Behandlung erwiesen sich Klystiere von Tannin, Alaun oder Argent. nitr. in Amylumdecocten und innerlich Tannin, Colombo, Opium und Portwein sehr nützlich. Den aufreibenden Tenesmus beseitigten am besten kleine subcutane Morphium-Injectionen in der Kreuzbeingegend.

Auffallend vermehrte sich der Icterus gegen Ende Februar und im März, jedoch durchgehends leichterer Art. Nahrungsmittel, beson-

ders der andauernde und zum Eckel gewordene Genuss des Hammel-
fleisches zugleich mit der Witterung, den Strapazen und nervöser
Erregung sind wohl als die Ursachen zu bezeichnen.

Die Variolen und Varioloiden verliefen regelmässig und ohne
alle Behandlung bis auf drei, welche mit dem Tode endeten. Die
höchste Zahl der Erkrankungen fällt in den Monat Januar; die gar
nicht oder erfolglos revaccinirten Leute waren die meisten und schwerst
Erkrankten, während die wenigen Fälle bei mit Erfolg revaccinirten
Leuten nur unbedeutendes Exanthem und geringes Fieber hatten.

Die Defatigationen waren in Folge des strengen und anhalten-
den Dienstes ausserordentlich zahlreich; die Leute kamen häufig so
vollständig erschöpft in das Spital; dass sie längere Erholung be-
durften und nach Hause geschickt werden mussten.

Von den zur Behandlung gekommenen Kriegsverwundungen sind
folgende bemerkenswerth:

1) Perforirende Wunde auf der Höhe des linken Scheitelbeins
durch einen Granatschuss; Abgang vieler Knochensplitter und von
Gehirnmasse, Bewusstlosigkeit, Anuria, Stuhlverstopfung, Lähmung
der rechten Gesichtshälfte und rechten Extremitäten. Unter Eisum-
schlägen auf den Kopf kehrte nach 3 Tagen das Bewusstsein wieder, ging nach 4 Tagen der Urin von selbst ab und erfolgte nach
8 Tagen regelmässiger Stuhlgang. Später stellte sich das Gefühl
wieder ein, die grosse Schädelwunde bedeckte sich mit Granulationen
und hatte sich fast vollständig geschlossen, auch die halbseitige
Lähmung bedeutend gebessert, als Patient evacuirt wurde.

2) Einem Soldaten hatte ein Granatsplitter eine lange und tiefe
Wunde in der rechten Schläfegegend beigebracht und zugleich beide
Augenlider quer durchrissen. Die bulbi waren erhalten, doch traten
schwere Commotionserscheinungen des Gehirnes auf, die bei constan-
ter Eisbehandlung sich hoben, aber um heftigen clonischen Krämpfen
der Gesichts- und Halsmusculatur der rechten Seite, verbunden mit
profuser Salivation und Schlingbeschwerden, Platz zu machen. Subcutane Morphium-Injectionen verminderten diese Erscheinungen, so
dass sie allmälig nachliessen und bei der Evacuation nur noch gering
waren.

3) Einem Artilleristen hatte ein feiner Granatsplitter das untere
rechte Augenlid und den bulbus verletzt und Haemophthalmus mit
heftiger Iritis hervorgerufen. Bei streng antiphlogistischer Behandlung mit Venäsection, Eis, Laxantien und fortwährender starker
Atropinisirung hoben sich die Schmerzen bald und stellte sich auch
das aufgehobene Sehvermögen wieder her.

4) Ein penetrirender Flintenbrustschuss mit ausgebreitetem Haut-emphysem. Glücklicher Ausgang in Heilung.

5) Einem Artilleristen war durch einen Granatsplitter die ganze obere Schichte der Musculatur an der äusseren und hintern Seite des rechten Oberarms abgerissen. Die hängenden Lappen legten sich bei zweckmässigem Verbande grösstentheils wieder an und die Heilung ging verhältnissmässig schnell von statten. Der Mann wurde evacuirt.

6) Bedeutende Zerreissung der Weichtheile an der hintern Seite des rechten Oberschenkels durch einen Granatschuss, jedoch ohne Verletzung des Knochens. Die Heilung nahm einen sehr günstigen Verlauf und war bei der Evacuirung fast vollendet.

7) Ausgedehnte Zerreissungen der Weichtheile an beiden Ober-schenkeln mit einer Oberschenkelfractur. Patient hatte einen zu starken Blutverlust erlitten und wurde desshalb nicht operirt. Tod nach einigen Tagen.

8) Granatschussverletzung des linken Oberschenkels ohne Fractur; nach einigen Tagen Trismus, Tetanus, Tod. Bei der Section zeigte sich, dass ein Stück des nervus ischiadicus ganz fehlte.

9) Complicirte Fractur des linken Oberschenkels durch einen Granatschuss. Die versuchte conservative Behandlung gab anfangs schöne Hoffnungen, allein später erfolgte die Bildung zahlreicher Abscesse in der Umgebung und nach 8 Wochen bei Auflösung des Lazareths war die Vereinigung der Knochen nur eine sehr unvoll-kommene.

10) Zerschmetterung beider Knochen des linken Unterschenkels mit nicht unbedeutendem Substanzverluste unterhalb der tuberositas tibiae. Die conservative Behandlung hatte Erfolg und Patient konnte im Februar, in der Heilung bereits weit vorgeschritten, evacuirt werden.

11) Einem Offizier war durch einen Granatsplitter das untere Ende des rechten Wadenbeines zerschmettert, das Fersenbein mitver-letzt und in der Gegend des äusseren Knöchels ein bedeutender Sub-stanzverlust an Weichtheilen beigebracht worden. Auch hier hatte die conservative Behandlung den besten Erfolg; die Wunde besserte sich von Tag zu Tag, füllte sich mit Granulationen aus, die Kräfte hoben sich und die Vernarbung war bei dem Transport nach Hause zur Hälfte vollendet.

12) Durch Explosion eines Patronen-Handmagazins in Folge einer eingefallenen Granate waren 5 Mann am Schädel, Gesicht,

Händen, Rücken und Beinen sehr bedeutend, meist 2. und 3. Grades
verbrannt worden. Drei davon genasen, von den 2 übrigen starb
der eine an Meningitis, der andere an Pneumonie.

Von wichtigeren Operationen wurden gemacht:

1) Die Staphylorrhaphie von Oberstabsarzt Dr. Rupprecht an
einem Soldaten, dem ein penetrirender Chassepotschuss das Gesicht
unter Verletzung des harten Gaumens quer durchdrungen hatte, mit
theilweisem Erfolg.

2) Eine Exarticulation im linken Hüftgelenk von Oberstabsarzt
Dr. Rupprecht wegen Zerschmetterung des linken Oberschenkels
im oberen Drittel mit Betheiligung des Gelenkes. Tod in Folge des
vorher schon stattgehabten Blutverlustes.

3) Amputation des rechten Oberschenkels wegen Gangrän in
Folge von Thrombose der art. poplitaea von mir selbst. Nachdem
die Heilung bereits schöne Fortschritte gemacht hatte, starb Patient
an erschöpfenden Diarrhoen.

4) Amputation des rechten Oberschenkels wegen Granatschuss-
verwundung des rechten Knies mit Gelenkseröffnung und Absprengung
des untern Theils des femur von Oberstabsarzt Dr. Rupprecht,
rasch fortschreitende Heilung und Evacuation nach Hause.

5) Amputation des linken Oberschenkels von Regimentsarzt
Dr. Kuby wegen Granatschusszerschmetterung des linken Unter-
schenkels mit Eröffnung des Kniegelenks und Absprengung eines
Stückes vom Oberschenkelknochen. Tod am folgenden Tage.

6) Amputation des rechten Oberarms und linken Vorderarms
durch Bataillonsarzt Dr. Dorffmeister an einem Artilleristen, dem
eine gefundene und unvorsichtig behandelte Granate ausser vielen
andern Verletzungen die Hände und Vorderarme fast gänzlich zer-
rissen hatte.

Von Pyaemie kam bei uns nicht ein Fall vor.

XIII. Die Witterung.

Der October hatte im Anfange herrliche sonnige Tage, die später
je nach dem Süd- oder Westwind alle 2—3 Tage mit trübem regneri-
schen Wetter abwechselten. Am 25. October und noch den folgenden
Abend wurde das prachtvolle Nordlicht beobachtet, das Viele von
uns vor Paris zuerst anders gedeutet haben mögen.

Die Anfangs November herrschenden Nordwinde brachten neblige kühlere Tage und den ersten Frost in der Nacht vom 11. auf den 12. Mit dem vom 13. November an herrschenden Südwest, der sich am 15. zu einem wahren Orkan steigerte, kam Regenwetter. Vom 24. bis 29. blieb bei Südwind der Himmel trüb und neblig, aber die Luft mild; nur der 30. November war in Folge von Nordostwind sonnig, aber frisch. Vom 1. bis 11. December fror es bei Nord- und Ostwind stark; am 12. brachte uns der Westwind Thauwetter; am 14. kam Südwind und starker Regen. Vom 15. bis 19. hatten wir sehr mildes Wetter, Mittags zwischen 10 und 12⁰ R. Wärme; mit dem 21. December aber, einen Tag vor der so schön sichtbaren Sonnenfinsterniss, kehrte Nordwind und Frost zurück und erhob sich die Kälte am 23. und 24. auf 10⁰ R.; am 25. December auf 14⁰ R., den tiefsten Stand unter Null, den wir in Verrières während des ganzen Winters hatten. Am 26. December sank die Kälte auf 7⁰ R. und blieb dann bis Ende des Monats zwischen 2 und 4⁰ R. Am 27. December fiel auch etwas Schnee.

Vom 1. bis 3. Januar nahm die Kälte bei fortwährenden Nord- und Nordostwinden abermals zu und erreichte am 5. Januar Morgens wieder 9⁰ R.; aber an demselben Abend schlug der Wind um und Westwind brachte Schneegestöber, am Tage darauf mildere Witterung und am 7. Januar Thauwetter. Am 8. und 9. breitete sich eine leichte Schneedecke über den wieder gefrorenen Boden und es blieb kalt bis zum 15. Januar, wo wir abermals 7⁰ unter Null hatten. Am 16. Januar trat mit heftigem Südwind Thauwetter ein und es blieb bei meist trübem Himmel ziemlich mild; am 28., 29. und 30. Januar Nordwind, kalte Tage und am 30. Januar leichter Schneefall.

Die im Februar vorherrschenden Süd- und Westwinde hatten milderes Wetter im Gefolge. Wenn auch der Himmel häufig bedeckt und trübe war und dazwischen Regen fiel, so hatten wir doch durchschnittlich Mittags 8—10⁰ R. Wärme und häufig Sonnenschein; nur der 11. und 12. Februar brachte mitten hinein in diese Frühlingstage Nordwind und einige Grad Kälte. Bereits am 21. Februar wurden die ersten im Freien aufgeblühten Veilchen gefunden.

Vom 1. bis 5. März waren die Tage sonnig und warm, bei 10—15⁰ R. Mittags; vom 6. bis zu der am 10. März erfolgten Auflösung des Spitals herrschte Süd- oder Südwestwind, womit Regen und etwas kühlere Witterung eintrat.

Ein Vergleich der Witterung mit dem Krankenzugang in Zahl und Krankheitsformen ist nicht möglich und würde zu falschen Re-

sultaten führen; da unser Lazareth nicht bestimmte Truppentheile
aufzunehmen hatte, sondern Reserve-Spital für das ganze 2. bayerische Armeecorps war, und der Zugang bei uns hauptsächlich je
nach der Aufnahmsfähigkeit der Divisionsspitäler wechselnd stieg
und fiel.

XIV. Hilfsvereine und Hilfswärter.

Von den Hilfsvereinen der Pfalz, Würzburg, Bamberg, Bayreuth,
Nürnberg, München etc., sogar von Hamburg und aus England ström-
ten die reichsten Liebesgaben allen Feldspitälern zu und was wir
nicht direct erhielten, verschaffte uns der bayerische Hilfsvereins-
Commissär Graf von Rechberg, der durch seine fast täglichen
Besuche der Lazarethe den Zustand und die Bedürfnisse kennen
lernte, aus seinem Magazin oder aus den allgemeinen Hilfsdepots zu
Versailles. Tausende von leinenen und wollenen Hemden, Hunderte
von Unterjacken, Unterhosen, Leibbinden, Strümpfen, Hals- und
Taschentüchern, kamen allein in unserem Feldspital zur Vertheilung
an Bedürftige. Wir hatten später keinen Mangel mehr an Strohsäcken, wollenen Decken, Leintüchern, Federkissen und Schlummerrollen, wir erhielten Pantoffeln und Filzschuhe, abgenähte und Gutta-
percha-Unterlagen, Rehdecken, Matrazen, Watte, Charpie, Irrigato-
ren, Spritzen, chirurgische Instrumente, Gliederbadewannen und Ver-
bandgeräthe aller Art, Arzneien und Medicamente, Eisbeutel, Luft-
kissen und ganze Luftbetten; ferner Eier, Butter, Schmalz, Gemüse-
und Fleischpräserven, Fleisch- und Milchextract, Citronen, Zucker,
Kaffe, Chocolade, Pfeifen, Tabak und Cigarren und andere unzäh-
lige Dinge, welche Leidenszustände milder und erträglicher machen.
Ich muss offen gestehen, dass nur durch diese werkthätige Liebe der
Hilfsvereine unsere Lazarethe erhalten wurden und ich freue mich,
hier allen Hilfsvereinen und deren Mitgliedern die grossen von ihnen
geleisteten Dienste bestätigen und ihnen weiter die Frende der Geheilten, welche warm bekleidet auf die Vorposten zurückgingen, sowie die dankbaren Blicke Schwerkranker und Verwundeter, welche
man besser pflegen und legen, verbinden und verköstigen konnte,
melden zu können.

Durch grosse Sendungen der Hilfsvereine vor Weihnachten
waren wir auch im Stande, mehreren hundert Kranken ein Fest nach
deutscher Weise zu bereiten. Nachdem von den Offizieren, Aerzten
und übrigen Beamten des Spitals bei den geselligen Abendzusammen-
künften der Plan gefasst war, dieses Fest für unsere Kranke nicht

ungefeiert vorüber zu lassen und desshalb zur äusseren Ausstaffirung zusammen zu legen, wozu auch der k. Hilfsvereins-Commissär Graf von Rechberg ein sehr ansehnliches Geldgeschenk beisteuerte, wurden in Versailles die nöthigen Wachslichter, Aepfel, Nüsse, Zuckersachen und Flitter gekauft und die Bäumchen beschafft und gerichtet. Am 24. December Abends hatte jede Abtheilung in dem grössten Zimmer ihren strahlenden Christbaum und auf den Tischen darunter lagen ausgebreitet die aus den Liebesgaben für jeden Kranken entnommenen nützlichen Geschenke. Den Schwerkranken wurde, was ihnen durch das Loos zufiel, an das Bett gebracht; die leichter Kranken und Blessirten begaben sich dahin und nahmen freudig und sichtlich ergriffen an dem Feste Antheil.

Freiwillige Hilfskrankenwärter hatte das Feldspital XII nicht; denn ein älterer wackerer Mann aus der Pfalz, der sich in Verrières einfand, übernahm die Pflege eines bei seinem Regimente krank liegenden Offiziers und begleitete dessen Leiche nach Hause, und ein anderer junger Mann, über den einige Zweifel bestanden, entfernte sich gleich wieder. Desto mehr haben sich die 4 barmherzigen Schwestern Michaea, Ursula, Viridiana und Neomisia (eine fünfte musste wegen Krankheit bald zurückkehren) vom Niederbronner Orden, Mutterhaus München, in der Krankenpflege ausgezeichnet. Diese Schwestern kamen am 17. November und blieben, bis sie wegen Aufbruch des Spitals nach Hause entlassen werden mussten; sie wohnten zwar in besonderen Zimmern in zwei verschiedenen Gebäuden, waren aber zum Dienst auf den Abtheilungen vertheilt. Sie begnügten sich mit sehr einfacher Verpflegung, bis ihnen nach mehrfachen gastrischen Erkrankungen durch Sorge des Commandos einige Zulage und Wechsel in den Speisen zu Theil wurde. Dem gesammten Personale war eingeschärft worden, den Schwestern mit der grössten Achtung zu begegnen und die Wärter hatten sie in jeder Weise durch Hilfeleistung und Zubringen von allem Nöthigen zu unterstützen und ihre Anweisungen zu befolgen. Namentlich war es den Oberkrankenwärtern zur Pflicht gemacht, diesen Anordnungen durch ihre Mitwirkung den grössten Nachdruck zu geben. So kam auch nie ein unangenehmes Ereigniss vor und die 4 barmherzigen Schwestern, folgsam den Aerzten, waren ein Segen für unsere Patienten. Vom Tage ihrer Ankunft an befanden sich Kranke, Lokalitäten und Geräthschaften in dem reinlichsten Zustande und das Ganze machte den wohlthuendsten Eindruck. Liebevoll in der Krankenpflege, unermüdlich im Nachtwachen, thätig in allen häuslichen Arbeiten und selbst die gröbsten wie Putzen und Fegen nicht scheuend, ohne je durch Drängen zum Gebet zu quälen, haben diese 4 Schwestern ihre hohe Aufgabe vollkommen gelöst.

Ebenso kann ich die vorzüglichen Dienste nicht unerwähnt lassen, welche der vom Hilfsverein Schweinfurt gesendete praktische Arzt zu Brückenau Dr. Imhof durch seine Kenntnisse und Behandlung der Kranken unserm Spital leistete. Derselbe war am 31. August zu uns gekommen und functionirte als Ordinirender, ohne irgend eine Remuneration und Entschädigung bis 7. December 1870, wo er, durch sein Bezirksamt aufgefordert, uns verlassen musste.

Die Nothwendigkeit der Hilfsvereine hat dieser Feldzug constatirt und ich glaube kaum, dass der Staat vom Bureau aus im Stande gewesen wäre, diese unzähligen Bedürfnisse beizuschaffen, welche durch die Ameisenthätigkeit der Hilfsvereine überall zusammenflossen und einzelne Mitglieder derselben unter Anstrengungen bis vor die Thüren der Feldlazarethe brachten. Es sind uns in jedem Feldzuge die Hilfsvereine unentbehrlich.

XV. Höheres ärztliches Personal.

Bei dem Aufnahmsfeldspital XII wirkten zeitweise oder während der ganzen Etablirungsdauer:

1) Dr. Eckart, Regiments- und dirigirender Arzt; 2) die Ordinirenden: Dr. Mohr, Regimentsarzt, Dr. Albert, Regimentsarzt, Dr. Kuby, Regimentsarzt à la suite, Dr. Stuffler, Bataillonsarzt, Dr. Seubert, Bataillonsarzt, Dr. Dorffmeister, Bataillonsarzt, Dr. Cussius, Bataillonsarzt, Dr. Zerzog, Landwehr-Assistenzarzt, Dr. Imhof, praktischer und freiwilliger Hilfsarzt; 3) die functionirenden Assistenzärzte und Candidaten der Medizin: Wirth, Willer, von Bezold, Schäfer, Ross, Bredauer und 4) die Landwehr-Apotheker Hirsch und Jahn.

Mit Ausnahme der zwei ersten Ordinirenden Dr. Mohr und Dr. Albert aus den eigentlichen Reihen des Militärs waren sämmtliche Aerzte, Assistenten und Apotheker dem Civilstande entnommen. Da diese Herren keine Kenntniss der militärischen Einrichtungen, Stellung, Pflichten und Rechte, des Dienstganges, der Organisation und Thätigkeit eines Feldspitals, der Vorschriften über Ordination, Kostverschreibung und Rapportwesen, der sanitätscommissionellen Geschäfte etc. hatten, so war in der ersten Zeit die Aufgabe des dirigirenden Arztes eine viel umfangreichere und mühevollere, als wenn er von Militär-Aerzten unterstützt worden wäre. Aber sämmtliche Aerzte und Assistenten waren mit ärztlichen Kenntnissen wohl ausgerüstet, vom besten Eifer beseelt, fleissig und thätig, aus Einsicht fügsam in die militärische Ordnung, und so konnte es nicht fehlen, dass bald ein regelmässiger und sicherer Dienstgang hergestellt war und erhalten blieb. Bei der immensen Krankenbewegung und der fast 5½ monatlichen Etablirungsdauer war auch die ärztliche Arbeit übergross und die Anerkennung, welche das Commando fast sämmtlichen Aerzten und Assistenten durch Decorationen und Belobungen von höchster Stelle erwirkte, fiel auf deren würdige Männer. Aber auch häufige Erkrankungen stellten sich ein und leider hatten wir zwei tüchtige Collegen und vortreffliche Menschen als Opfer ihrer Pflicht zu beklagen. Am 28. Januar starb der functionirende Assistenzarzt cand. med. Joseph Willer am Typhus und wurde im Kirchhof zu Verrières le Buisson feierlich begraben; des am 14. Februar an Dysenterie verstorbenen Landwehr-Assistenzarztes Dr. Zerzog Leiche kam auf den Wunsch der Eltern zurück in die heimathliche Gruft. Hart und schwer traf dieser Verlust zweier herrlicher und reich begabter junger Freunde uns Alle! Sei die Erde ihnen leicht, die auch den Tod für's Vaterland fanden!

Die Wohnungen der Aerzte waren so vertheilt, dass mit Ausnahme der beiden Schulsäle, des Blattern- und Krätzhauses in jedem Gebäude zur beständigen Aufsicht wenigstens ein Arzt seine Wohnung hatte. Die Zimmer des Commandanten und des dirigirenden Arztes lagen zusammen auf Abtheilung IV, ohngefähr in der Mitte der ganzen Spitalcolonie. Diese Wohnungssache ist an sich unbedeutend, aber doch von Wichtigkeit, weil durch die gegenseitig anstossenden Zimmer des Commandanten und dirigirenden Arztes der mündliche Verkehr zwischen Beiden erleichtert und alle Angelegenheiten rascher gefördert und erledigt werden konnten.

Ein gemeinsamer Mittags- und Abendtisch vereinigte alle Officiere, Aerzte, Apotheker, Verwaltungsbeamte und Geistliche. Freundschaftliche Beziehungen, gemüthliche Abendunterhaltungen, collegiale ärztliche Besprechungen ergaben sich dadurch von selbst und nach des Tages Mühen fand man Erholung in diesem trauten Beisammensein und Stärkung zu neuer Arbeit. Aber noch einen andern Vortheil hatten diese gemeinsamen Mahlzeiten. Durch das Kochen grösserer Quantitäten Fleisch an sich und weiter durch kleine Zuschüsse und Ankauf von Salat, Senf, Speiseöl und Gemüsen etc. in Versailles, und endlich dadurch, dass im täglichen Wechsel stets ein Herr die von unsern Bedienten besorgte eigene Küche beaufsichtigen musste, erreichten wir auch schmackhaftere Speisen und den für Erhaltung der Gesundheit so nothwendigen Wechsel der Kost.

XVI. Niederes Personal.

Durch den täglichen hohen Krankenstand und bedeutenden täglichen Zu- und Abgang, durch die Entfernung der einzelnen Spitalgebäude vom Jourzimmer, Apotheke, Küche und Verwaltung, von wo alle Bedürfnisse geholt werden mussten, durch die vielen kleinen Krankenzimmer etc. hatte das ohnehin kleine Wartpersonal einen sehr schweren Dienst und ohne Erholung, ohne Ablösung war dasselbe fast 5½ Monate hindurch an diese aufreibende Arbeit gebunden. Dazu gingen noch fast beständig von den vorschriftsmässigen 20 Wärtern ab: 2 Mann, die Evacuationszüge begleiteten, 2, welche in der Küche commandirt, mehrere, die zu Hausdiensten verwendet waren und einige, die krank zu Bette lagen. Wir erhielten desshalb mehrmals Aushilfe durch Commandirung von Sanitätssoldaten, allein es trafen doch im Durchschnitt 10 Kranke und darunter schwere auf 1 Wärter. Desshalb wurde auch den Wärtern eine tägliche Zulage von 1 Liter Wein bewilligt und den Abtheilungen die Erlaubniss ertheilt, Reconvalescenten, die sich freiwillig dazu melden, mit leichten Diensten zu beschäftigen; allein es fanden sich nur Wenige bereit und dann waren selbst die leichter Kranken so schwach und matt, dass sie selbst Hilfe brauchten.

Nicht viel weniger Anstrengungen hatte die übrige Mannschaft. Die Fuhrsoldaten waren nur zur Stallzeit frei, um ihre Pferde zu besorgen, wenn sie nicht Evacuationszüge zu führen hatten, und die Bedienten konnten nur bis früh 9 Uhr bei ihren Herren sein. Dann mussten die Einen von ihnen die Küche der Offiziere und Aerzte, die andern die Menage für sich selbst und die Wärter besorgen, die Uebrigen wurden sämmtlich mit dem Herbeischaffen von Lebensmitteln, Fourage, Stroh, Holz, mit dem Sammeln von Gemüse und Kartoffeln auf den Feldern, mit dem Füllen von Strohsäcken, Holzspalten, Reinigung der Höfe, Bau von Latrinen etc. und von der Verwaltung beschäftigt. Da aber zu diesen Herrendiensten die disponible Anzahl von Bedienten und Fuhrsoldaten nicht genügte, so commandirte auch jede Abtheilung täglich im Wechsel einen Wärter dazu und das war die einzige Gelegenheit, durch welche ein Wärter alle paar Tage zur Erhaltung seiner Gesundheit an die frische Luft kam. Eine andere Ablösung oder dienstfrei gab es unter den drängenden Verhältnissen nicht.

Die Folgen dieser unvermeidlichen Anstrengungen des niederen Personals sind auch häufige Erkrankungen gewesen. Viele genasen

wieder, aber 9 Wärter, 5 Bediente und 5 Fuhrsoldaten mussten zur
Erholung nach Hause geschickt werden und 3 brave Wärter be-
zahlten leider ihre Pflicht mit dem Tode. So haben denn unsere Wärter
die Belobungen und decorativen Auszeichnungen, welche ihnen auf
Antrag des Commandanten von höchster Stelle verliehen wurden,
in der That verdient.

XVII. Auflösung und Schlussbemerkungen.

Am 15. Februar bekam die ganze Armee Marschbereitschaft,
Commandant Bernhold` aber zugleich die mündliche Ordre, dass
unser Feldspital bis zuletzt verbleiben und die Schlussevacuation
übernehmen müsse. Demgemäss schlugen die Feldlazarethe zu Igny,
Villegénis und Massy ab und Letzteres übergab uns auch seine intransportabeln Kranken als Filiale. Vom 7. März an, wo auch das
letzte bisher noch in Thätigkeit gewesene Feldspital VII in Bièvre
abrüstete, trug unsere Anstalt allein die Aufnahme und Evacuation der
Kranken des ganzen 2. Armeecorps, während wir zu gleicher Zeit
uns für den auf den 11. anbefohlenen Abmarsch vorbereiten mussten.
Am 9. März wurden alle Schwerkranke, sowie die Blatterkranken
mit der nöthigen Vorsicht auf höheren Befehl nach Versailles gebracht; Nachmittags gingen noch 53 Kranke zu und am 10. März
früh fand mit Hilfe der Sanitätscompagnieen die letzte Evacuation
von 96 Kranken nach Lagny statt.

Sofort trat ;das ganze Personal in Thätigkeit, jeder Mann auf
dem angewiesenen Posten; man trug und schleppte, packte und
verlud. Durch successive Räumung von Zimmern und Gebäuden in
den letzten Tagen, Absendung aller nicht mehr benöthigten Liebesgaben, allmälige Einziehung, Reinigung und Verpackung von ent-
behrlichen Bettfournituren, Wäsche und Geräthschaften war zu einem
raschen Aufbruch schon viel vorgesorgt gewesen. Doch war die
Schlussarbeit bei einem Stande von 97 Kranken am letzten Tage
(1 Mann starb noch) immerhin gross; sie ging aber in guter Ordnung
und so rasch von Statten, dass bis Abends 5 Uhr der letzte Wagen
fertig zugeschlossen werden konnte. Da man gefasst sein musste,
unter Wegs wieder zu etabliren, so ist alles verbrauchte Material
aus den Liebesgaben ersetzt und damit der Ausrüstungs-Sollstand
nahezu wieder hergestellt worden.

Am 11. März Morgens verliess das Feldspital XII, als die letzte
Abtheilung des 2. Armeecorps in dem südlichen Cernirungsring von

Paris, das so lange bewohnte Verrières le Buisson und marschirte dem 2. Armeecorps bis Coulommiers nach, wo es nach einigen Cantonnirungstagen in nächster Nähe zu Château du Buisson den Befehl zum sofortigen Rückmarsch nach Ingolstadt erhielt.

Die Ausrüstung und Einrichtung eines Aufnahmsfeldspitals hat sich im Ganzen bewährt. Die Feldspitäler, obwohl im Allgemeinen in gleicher Lage, werden aber doch, jedes nach seinen besonderen Verhältnissen und geringeren oder grösseren Unterstützung von Hilfsvereinen, das Eine oder Andere mehr vermisst haben; bei einer Zusammenstellung aller Wünsche wird sich das wirklich Nothwendige erst herausstellen.

Coulommiers, den 9. Mai 1871.

Jourzimmer-Rapporttafel.

Aufnahmsfeldspital XII.

Krankenstand am .. ᵗᵉⁿ ...... 1871.

I.

Krankheitsformen	Bayern		Norddeutsche		Franzosen		Summa
	Offiziere	Soldaten	Offiziere	Soldaten	Offiziere	Soldaten	
Interne	—	89	—	1	—	—	123 Bleibende
Externe	2	14	—	10	—	—	37 Evacuirte
Syphilitische	—	—	—	—	—	—	160 Summa
Krätzige	—	7	—	—	—	—	totalis.
	2	110	—	11	—	—	

II.

Abtheilungen	Typhen	Dysenterieen	Variolen	Cholera			Verwundete	
							Bayern	Norddeutsch.
Abtheilung I	1	2	22	—			1	—
„ II	Passantenhaus							
„ III	3	4	—	—			—	—
„ IV	3	—	—	—			3	4
„ V	2	—	—	—			4	1
„ VI	—	—	—	—			4	5
„ VII	—	1	—	—			—	—
Summa	9	7	22	—			12	10

III.

Abtheilungen	Freie Betten für		Nöthige Nachtwachen.
	Kranke	Verwundete	
Atheilung I	7	3	1 Nachtwache bei Soldat N. N.
„ II	40	—	— —
„ III	10	4	— —
„ IV	8	4	2 Nachtwachen bei N. N. und N. N
„ V	10	10	— —
„ VI	6	25	— —
„ VII	12	4	— —